BIBLIOTHÈQUE
DE PHILOSOPHIE CONTEMPORAINE

LA VOIX

L'OREILLE ET LA MUSIQUE

PAR

AUGUSTE LAUGEL

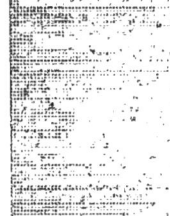
PARIS

GERMER BAILLIÈRE, LIBRAIRE - ÉDITEUR
Rue de l'École-de-Médecine, 17

Londres | New-York
Hipp. Baillière, 249, Regent street. | Baillière brothers, 440, Broadway.
MADRID, BAILLY-BAILLIÈRE, PLAZA DEL PRINCIPE ALFONSO, 16.

1867

LA VOIX

L'OREILLE ET LA MUSIQUE

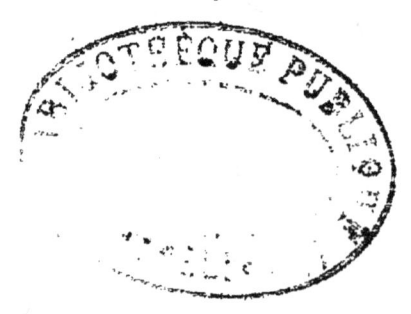

OUVRAGES DU MÊME AUTEUR

Les Problèmes de la nature. 1 vol. in-18 de la *Bibliothèque de philosophique contemporaine.*   2 50

Les Problèmes de la vie. 1 vol. in-18 de la *Bibliothèque de philosophie contemporaine.*   2 50

Les États-Unis pendant la guerre. 1 vol. in-18 de la *Bibliothèque d'histoire contemporaine.*   2 50

The United States during the war of 1861-1865, in-18.   7 s. 6 d.

Science et philosophie. 1 vol. in-18.   3 50

Études scientifiques. 1 vol. in-18.   3 50

EN PRÉPARATION

Les Problèmes de l'Ame.

Paris. — Imprimerie de E. MARTINET, rue Mignon, 2.

LA VOIX

L'OREILLE ET LA MUSIQUE

PAR

Aᴜɢᴜsᴛᴇ LAUGEL

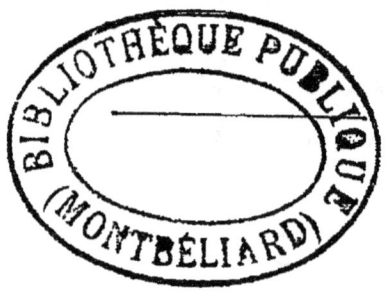

PARIS

GERMER BAILLIÈRE, LIBRAIRE-ÉDITEUR

Rue de l'École-de-Médecine, 17

Londres | **New-York**
Hipp. Baillière, 219, Regent street. | Baillière brothers, 440, Broadway.

MADRID, BAILLY-BAILLIÈRE, PLAZA DEL PRINCIPE ALFONSO, 16.

1867

PRÉFACE

———

J'ai eu pour but principal, en écrivant ce livre, de faire connaître au public les découvertes récentes de M. Helmholtz sur le phénomène du son ; il m'a paru que ces découvertes, que je compte au nombre des plus belles de notre temps, n'intéressaient pas seulement le physicien ; elles se lient intimement à l'esthétique, car elles fournissent le moyen d'analyser tous les timbres, de définir les propriétés harmoniques de tous les instruments, les caractères particuliers de la musique mélodique et de la musique harmonique, leurs moyens d'expression, leurs qualités et leurs défauts.

La musique harmonique est une des conquêtes les plus récentes de la civilisation : l'harmonie, c'est-à-dire le mariage des consonnances et des accords, la polyphonie des instruments et des voix, n'est point le caractère des musiques primitives : il n'y a point d'harmonie véritable dans les concerts, si bruyants qu'ils puis-

sent être, où un thème mélodique est simple-
plement renforcé ou soutenu par des unissons,
des basses-pédales, des sourdines, dont le
murmure monotone échappe à la mesure et au
rhythme. Dans un tel concert, et la musique non
harmonique n'en peut produire d'autres, la
mélodie est tout : seule, elle a des lois, des
cadences, un mouvement ; les bruits qui l'enveloppent ne sont point un véritable accompagnement, ils ne sont que le fonds sonore, l'at-
mosphère lourde et immobile qui soutient les
ailes de la pensée musicale.

La mélodie, qui est le dessin musical, devait
prendre les allures les plus libres chez les
Grecs. Les caractères et la richesse de leurs
échelles diatoniques trouvent une explication
rationnelle dans les phénomènes qui dominent
ce qu'on pourrait nommer la genèse des gammes. La musique entière est enfermée dans un
son ; elle en sort par une façon d'embryogénie
naturelle. Le son, on le verra, n'est point chose
simple ; il porte en lui-même une série d'harmoniques. Cette série engendre la série hiérarchique des consonnances : celles-ci étant don-
nées, la gamme se trouve créée ou du moins
appuyée sur ses bases fondamentales.

Entre les soleils fixes de la constellation sonore, le génie particulier des peuples se borne
à placer des satellites divers, plus ou moins es-
pacés, plus ou moins nombreux. Tant que la
musique reste mélodique, la constellation sonore peut prendre des figures diverses : quand
des instruments divers se font entendre ensemble et à des intervalles mobiles, l'harmonie fait
sentir rigoureusement ses exigences : la tonique
devient le centre des mouvements de l'orchestre
et la musique n'admet plus que les intervalles
qui en fassent sans cesse sentir la présence. La
musique harmonique, qui s'est essayée d'abord
dans les chœurs religieux, sur l'orgue, dans les
canons, les fugues, a atteint ses moyens d'expression les plus puissants et les plus variés dans
l'opéra, l'oratorio et la symphonie. On ne devine point ce qui pourrait être ajouté encore
aux ressources qu'elle possède aujourd'hui.
Mais l'avenir de ce bel art, dont l'empire s'é-
tend chaque jour sur les âmes, s'enveloppe
cependant de quelques incertitudes.

En premier lieu, la musique est-elle bien un
art qui doive et puisse se suffire à lui-même et
qui possède une indépendance égale à celle
de l'architecture, de la sculpture, de la pein-

ture? ou bien l'harmonie doit-elle rester la ser-
vante ou l'interprète de la pensée religieuse,
dramatique ou lyrique? Cette discussion, ouverte dans le siècle dernier, ne semble pas
encore close. Les plus grands génies modernes
ont tous sacrifié à l'opéra, et l'opéra a un caractère ambigu, demi-musical et demi-litté-
raire.

Pour nous, il nous paraît que si l'opéra a
quelque supériorité sur la symphonie, elle le
doit surtout au charme incomparable des voix
humaines, qui de tous les instruments resteront
toujours les plus souples et les plus expressifs; il
doit peu de choses aux paroles, au livret, dont
la banalité contraste si souvent avec la sublimité de la pensée musicale. Réciproquement,
la musique déshonore plutôt qu'elle n'ennoblit
la grande poésie, car la pensée littéraire ne
doit pas être étouffée dans le bruit. On n'ima-
gine point Corneille, Racine, mis en duos, en
trios; les chœurs d'*Athalie* de Mendelssohn ne
tirent aucune valeur des paroles du poëte, et
produiraient autant d'effet sur les vers les plus
médiocres. On verra dans ce livre que la voix
humaine atteint son maximum d'effet harmonique, suivant la hauteur du son, sur des voyelles

diverses : mais les paroles de l'opéra associent généralement les notes aux voyelles qui leur sont les moins favorables. Les paroles dépouillent donc forcément la voix humaine d'une partie de son charme.

Les exigences scéniques contribuent encore à gêner le musicien dans l'opéra. L'œuvre harmonique ne peut plus avoir des contours libres, indéterminés, capricieux ; elle s'enferme nécessairement dans des moules convenus. De là vient en partie la désespérante banalité de tant d'opéras italiens, simple succession de formules mélodiques, à peine soutenues par une maigre instrumentation. A ces exemples, on peut opposer, il est vrai, les chefs-d'œuvre de l'école allemande, française et même italienne ; mais leur mérite tient visiblement à un effort continu vers l'originalité, à la puissance de l'orchestre, à l'intensité des effets harmoniques, au mouvement dramatique. Le drame est en effet l'heureux privilége de l'opéra, je parle du drame vivant, de la pantomime de la passion, indépendants de toute parole, de toute analyse littérale. Des situations, des tableaux lui suffisent : combats furieux de la haine ou doux combats de l'amour, gaietés populaires, prières,

plaintes, crimes, combats, jalousies trompées,
duels entre la foi religieuse et l'impiété, entre
la folie et la sagesse, entre le devoir et la passion. Quelques idées simples, sorties du fonds
éternel de la nature humaine, offrent à l'harmonie des thèmes suffisants. Au contraire des
autres arts, la musique est subjective en même
temps qu'objective : le sentiment du compositeur doit passer dans l'auditeur, mais il revêt
chez chaque auditeur une couleur différente,
comme un rayon lumineux qui illumine à la
fois des saphirs, des diamants, des émeraudes,
des rubis. La musique exprime moins les idées
qu'elle ne les excite : le fleuve sonore porte des
pensées, des émotions, des désirs, des espé-
rances, mais il les arrache à notre sensibilité
dont il creuse sans cesse les rives et le lit.

La musique, même sous la forme la plus
dramatique, enveloppée de tout ce qui peut
flatter les sens, ne peut jamais arracher le
spectateur à sa propre pensée ; elle conserve
toujours, même dans l'action, quelque chose
d'intime, de lyrique. L'opéra n'est qu'une forme
de l'art musical, la plus païenne, la plus sen-
suelle ; il n'exclut point d'autres formes qui
transportent en quelque sorte la scène dans le

palais intérieur de l'âme. Emportée sur le courant de l'harmonie, l'imagination monte à des hauteurs idéales, et sa fantaisie créatrice flotte dans des mondes nouveaux. Les émotions et les passions terrestres n'y perdent point tout leur empire, mais elles s'épurent, et pour ainsi dire se volatilisent. La musique berce la douleur, adoucit ses larmes, impose sa mesure et son rhythme aux gonflements d'un cœur prêt à se rompre ; elle attendrit l'amour, et l'arrachant à ses ardeurs incommodes, à ses impatiences fiévreuses, l'enveloppe d'une douceur et d'une suavité qui peuvent mieux se sentir que se définir. Elle ouvre des échappées inattendues vers l'infini, vers le beau, vers l'indicible.

L'art musical a donc moins à rechercher des formes nouvelles qu'à user de celles que le génie des grands maîtres a déjà trouvées : mais son avenir soulève une seconde question qui se trouve traitée dans ce livre : l'harmonie devrat-elle conserver ou abandonner le *tempérament*, tel qu'il s'est imposé à nos gammes modernes ? M. Helmholtz voudrait la ramener aux consonnances pures, qui sont aujourd'hui abandonnées pour les intervalles tempérés. Il espère que cette réforme aurait pour effet de régénérer l'étude du chant, et rendrait à la voix humaine et son rôle naturel et la plénitude de son charme.

Cette question ardue ne soulève pas seulement de grandes difficultés techniques; elle se rattache également à l'esthétique musicale, car il n'est pas douteux que le rôle de plus en plus prédominant de la dissonance se justifie surtout par les exigences de la gamme actuelle. L'art cherche surtout ses moyens d'expression dans les contrastes au lieu de les chercher comme au temps de Palestrina, dans l'absolue pureté des consonnances.

L'histoire de la musique démontre au reste que la gamme n'a jamais été immobilisée d'une manière absolue : l'avenir connaîtra donc sans doute, avec d'autres échelles diatoniques, des instruments nouveaux ou modifiés, des émotions musicales inconnues au présent. Le beau est immortel, mais son culte est changeant, et le temps jette des voiles toujours frais sur ses formes divines.

A. L.

I

L'ANALYSE DU SON

I

ANALYSE DU SON

Les plaisirs de la science sont sévères, mais ils ont quelque chose de parfait, de durable, d'achevé, qui manque à tous les autres. Il faut plaindre ceux qui sont incapables d'éprouver une jouissance en voyant se dévoiler à leurs yeux une vérité nouvelle, une loi de l'immortelle nature, ou, par d'ingénieuses et continuelles métamorphoses, un même principe engendrer une série ordonnée de conséquences imprévues. Jamais je n'ai, pour ma part, mieux ressenti ces émotions aiguës et subtiles de l'esprit qu'en étudiant les découvertes récentes de

M. Helmholtz sur l'acoustique. Après tant de
travaux, de recherches et de découvertes sur
le système nerveux, sur l'optique physiologique,
sur la grande question de la transformation des
forces, l'infatigable professeur d'Heidelberg
a abordé l'acoustique, et l'a, on peut le dire,
renouvelée. Newton, Euler, Laplace, Poisson,
avaient posé les fondements de la théorie des
vibrations sonores ; mais leur haute analyse ne
s'était point abaissée jusqu'au monde concret
de l'instrumentation. A côté de leurs formules
restées sans application, l'acoustique enregis-
trait des expériences plus ou moins ingénieuses ;
après ses grands théoriciens, elle avait ses humbles ouvriers, mais elle devait peu de chose à
leurs efforts : Cagniard de la Tour, Savart lui-
même, n'étaient en quelque sorte que d'habiles
mécaniciens.

Le plus étrange, c'est qu'aucun trait d'union
n'avait été jeté entre l'acoustique et la musique : la science restait stérile, l'art n'obéissait
qu'aux impulsions d'une esthétique instinctive.
Quelques grands esprits, Pythagore, Kepler,

Euler, Rameau, d'Alembert, avaient sans doute deviné entre ces choses une secrète parenté ; mais ces vagues intuitions n'avaient jamais abouti à des lois. Les plus savants traités d'harmonie ne sont que la collection de règles empiriques consacrées par l'expérience des siècles.

Aujourd'hui tous les phénomènes jusque-là décousus viennent prendre place dans une admirable synthèse (1). Le physicien d'Heidelberg n'est point un de ces expérimentateurs qui, errant à tâtons dans le domaine des faits, viennent par hasard trébucher sur une vérité inconnue : armé du flambeau de la haute analyse mathématique, il marche d'un pas assuré ; il n'attend pas, il évoque les phénomènes ; d'un autre côté, pénétré des principes féconds du dynamisme moderne, il ne voit dans le monde que force et mouvement, et les lois de la mécanique rationnelle le guident dans l'é-

(1) Die Lehre von der Tonempfindungen als physiologische Grundlage für die Theorie der Musik (*Étude des impressions sonores comme fondement physiologique de la théorie de la musique*). 1 vol. in-8.

tude de toutes les manifestations de la matière.

Considérant le son comme un mode particulier des mouvements moléculaires, il a su tirer
de l'étude de ces mouvements toutes les conséquences que les mathématiques y avaient lais-
sées pour ainsi dire à l'état embryonnaire, et il
a imaginé des instruments, des appareils où ces
conséquences, visibles pour l'esprit, le deviennent pour les sens. Plus d'à peu près, plus d'ap-
proximations, plus d'inductions éparses ; tout
se tient, tout s'enchaîne en ce vaste système, et
nous sommes conduits des phénomènes les plus
élémentaires de la vibration des corps sonores
aux lois hier encore profondément mystérieuses
de l'harmonie et de la combinaison des sons.
Nous découvrons le secret naguère impénétra-
ble du timbre, cette étrange propriété du son ;
nous comprenons en quoi diffèrent les mêmes
notes sur des instruments divers. Rameau,
qu'on pourrait appeler le Malherbe de la musique française, avait dès longtemps deviné que
les sons musicaux sont formés de plusieurs sons
simples, comme la lumière est composée de

rayons divers; mais M. Helmholtz a trouvé le
moyen de décomposer le son le plus complexe,
et de discerner ainsi, dans le concert le plus
bruyant, les notes simples les plus fugaces :
découverte aussi étrange que féconde, puisque
dans la nature il n'y a point de notes simples et
que ses bruits sont tous des fusions, des concerts, des accords. En expliquant le timbre,
M. Helmholtz a montré du même coup ce qui
distingue et caractérise les voyelles ; le physiologiste, succédant au physicien, a expliqué
comment l'oreille humaine analyse les percep-
tions sonores et de quelle façon des impressions
multiples y déterminent l'unité de la sensation ;
enfin le musicien a fait sortir une à une de
l'analyse même des sons les lois complexes et
jusqu'ici tout empiriques de l'harmonie.

Ainsi agrandie, l'acoustique n'est plus cette
science aride et banale dont les rudiments se
trouvent encore exposés sans art dans tous les
traités de physique; elle devient une branche
de la dynamique universelle en même temps que
de l'esthétique. Ce n'est plus seulement un cha-

pitre de l'élasticité des corps, c'est une sorte de grammaire musicale : pas plus sans doute que la grammaire ordinaire ne fournit au littérateur des idées, elle ne peut prêter au musicien des mélodies ; mais elle lui apprend à écrire correctement en musique, elle lui donne, non le génie, mais le style.

S'il était besoin de preuves pour faire comprendre que la matière n'est point continue, mais qu'elle est composée de parties, il suffirait de citer le phénomène du son. Dans un corps sonore, qu'il soit solide, liquide ou gazeux, toutes les molécules se déplacent et entrent en vibration. Si ces mouvements sont confus, de durée et d'intensité inégales, on n'entend qu'un *bruit;* s'ils sont rhythmiques et pendant quelque temps semblables à eux-mêmes, on perçoit un *son.* La molécule qui exécute sa danse invisible peut avoir été entraînée plus ou moins loin de sa place originelle; de là un son plus ou moins intense. L'amplitude du mouvement règle l'intensité du son, la vitesse de la vibration périodique en détermine la hauteur ou la place sur l'échelle musicale. Les notes graves résultent d'une vibration lente, les notes aiguës d'un frémissement plus rapide, plus précipité. La molécule, libre et complaisante, se prête à une infinité de vitesses ; mais l'oreille humaine ne perçoit facilement et avec plaisir que les vibrations enfermées entre certaines limites (1). L'oreille peut saisir un son qui réponde à 38 000 vibrations ; mais alors la sensation devient douloureuse, et à ces vitesses les notes ne se distinguent plus nettement les unes des autres.

L'échelle des vibrations du piano de sept octaves va de 33 à 3960, et la différence de ces chiffres témoigne déjà de l'élasticité sensitive de notre appareil auditif et du nombre infini des combinaisons qu'une gamme aussi riche offre à l'harmonie (2).

---

(1) La note la plus basse d'un orchestre est le *mi* inférieur de la contre-basse, qui correspond à 41 vibrations par seconde ; la note la plus haute est le *ré* supérieur de la petite flûte, qui nécessite 4752 vibrations par seconde.

(2) Sur quelques orgues, on a construit récemment des tuyaux qui n'ont que 16 vibrations par seconde ; mais des notes si basses, de même que les plus hautes, ne produisent sur l'oreille que des

L'étude des mouvements vibratoires faite par Galilée, Newton, Euler et Daniel Bernouilli a dès longtemps fourni tous les éléments pour la connaissance des sons au point de vue de l'intensité et de la tonalité ; mais il y a dans le son une autre qualité, le *timbre*, qui, lorsque M. Helmholtz en aborda l'examen, défiait encore tous les efforts des physiciens. Le *timbre* n'a pas besoin d'être défini ; nous savons tous distinguer une note de piano de la même note jouée sur un violon ; nous reconnaissons de même l'*a*, l'*o*, l'*i* tenus par le même chanteur et sur la même note ; les voyelles ne sont, pour ainsi dire, que les timbres particuliers et changeants de la voix humaine. Qu'est-ce donc cependant que cette qualité particulière du son qui ne dépend ni de la hauteur, ni de l'intensité ?

Les physiciens géomètres avaient une réponse à cette question : Dans le corps sonore, disaient-ils, chaque molécule est en mouvement et

effets peu satisfaisants ; elles ne doivent être employées que rarement et comme des auxiliaires des octaves supérieures.

décrit une orbite invisible. La vitesse de la ré-
volution détermine la tonalité, mais la forme
même de l'orbite ne saurait être sans influence :
voilà l'élément qui doit déterminer le timbre (1).
C'est là, on doit l'avouer, une de ces explica-
tions qui n'expliquent rien : elle ne donne à
l'esprit qu'une satisfaction mensongère. On
peut bien admettre d'une façon vague que les
inflexions plus ou moins rapides, les hérisse-
ments plus ou moins aigus, les courbures plus
ou moins amollies de l'onde sonore aient de l'influence sur la *qualité* du son; mais où est le
rapport direct entre cette géométrie et les impressions que produisent sur nous des timbres
différents? Je veux savoir pourquoi les soupirs
du hautbois diffèrent des frémissements du violon, des éclats de la trompette, des sons étouf-

(1) On sait que, pour représenter aux yeux les mouvements
vibratoires, on les figure par des courbes sinueuses pareilles à
celles qu'offrent à la surface de l'eau des ondes successives : la
hauteur de l'onde peint au regard l'intensité du son, la longueur
de l'onde figure la vitesse de la vibration, et par conséquent la
tonalité; la forme enfin de l'onde, variable à l'infini, représente-
rait le timbre.

fés du cor, des doux nasillements du basson ; je voudrais comprendre en quoi diffèrent les divers jeux de l'orgue ; pourquoi ses harmonies peuvent flotter depuis le rugissement jusqu'à des bruits si suaves qu'ils semblent des battements d'ailes séraphiques ; pourquoi son souffle tantôt m'ébranle, me traverse, et tantôt me caresse comme feraient d'invisibles baisers. Si, pour contenter ma curiosité, on lui offre seulement quelques dessins où soient figurées des ondes de toute forme, elle ne saisit point le lien entre une telle cause et de tels effets.

M. Helmholtz a cherché l'explication du timbre dans un phénomène déjà connu depuis longtemps, mais qu'on n'avait pas, avant lui, suffisamment approfondi. Supposez une corde vibrante, une corde de piano, par exemple, accordée à une certaine note ; nommons cette note le *son fondamental*. Écoutez bien pourtant, et chacun peut faire aisément cette expérience, le son rendu par la corde pendant qu'elle vibre pleinement : vous entendrez bientôt avec un peu d'attention deux ou trois notes beaucoup plus hautes, beaucoup plus faibles, qui semblent comme des échos lointains de la note fondamentale. Il semble que la vibration de la corde visible fasse vibrer sympathiquement des cordes invisibles : de ces cordes invisibles, la première, comme si elle était plus petite de moitié, vibre deux fois plus vite; la seconde, trois fois plus petite, vibre trois fois plus vite; une autre, quatre fois plus petite, quatre fois plus vite, et ainsi de suite. A la voix principale répondent des voix lointaines, effacées, de plus en plus hautes : en exerçant bien l'oreille, on arrive à entendre toujours au-dessus des notes simples le chœur des notes *harmoniques;* tel est le nom que donnent les physiciens à ces sons qui correspondent à des nombres de vibrations deux, trois, quatre, cinq fois plus grands que celui du son fondamental.

Cependant ces cordes invisibles ne sont, on l'a compris, qu'une pure hypothèse; dans la réalité, c'est la corde matérielle vibrante qui, spontanément, librement, se subdivise en deux, trois, quatre, cinq parties, après avoir produit sous la première impulsion et dans l'universalité de cet ébranlement le son fondamental. Les parties, continuant à vibrer comme des cordes distinctes, donnent la série des sons harmoniques (1). Toutes ces vibrations se superposent sans se

(1) La gamme est composée de sept tons principaux : la tonique, la seconde, la tierce, la quarte, la quinte, la sixte, la septième ; l'octave qui fait suite, recommence la même série d'intervalles. Les deux modes majeur et mineur se distinguent en ce que l'intervalle de la tierce est différent dans ces deux gammes ; la tierce est alors dite ou majeure ou mineure. Prenons un exemple pour mieux faire comprendre ces termes ; je suppose la gamme en *ut* :

ut, ré, mi, fa, sol, la, si, ut.

La tierce est la troisième note, *mi*, la quinte est la cinquième note, *sol*. L'intervalle de la tierce majeure est celui d'*ut* à *mi* ; l'intervalle de la tierce mineure, un peu moindre, est celui d'*ut* à *mi* bémol ou *mi* diminué. La série des sons harmoniques comprend l'octave aiguë, la quinte de cette octave, les deux notes parasites que des oreilles peu exercées entendent le plus facilement, la double octave, la tierce majeure et la quinte de la double octave. Après ces six notes s'offre une note dissonante qui provient de la division spontanée de la corde en sept parties : quand cette note se fait encore entendre, elle donne au son quelque chose de strident. Sur les trois notes qui suivent, encore plus aiguës, deux seulement rentrent dans l'échelle des consonnances. Il n'est guère nécessaire de suivre plus loin cette série, qui, en théorie seulement, n'a point de limites, car, à mesure que les notes qui s'ajoutent au son fondamental s'éloignent de la tonique, elles perdent rapidement d'ordinaire en intensité.

contrarier en rien : il n'est pas besoin, pour le
faire comprendre, de citer le beau théorème de
Fourier sur ce que les géomètres nomment la
superposition des petits mouvements : on n'a
qu'à penser à un flotteur, à une bouée suspendue sur l'eau ; docilement elle monte, s'abaisse,
s'incline, se relève au gré de toutes les vagues,
de tous les vents ; de même la petite molécule
obéit en même temps à plusieurs ondulations,
les unes lentes, les autres rapides ; le mouvement total qui en résulte peut représenter une
somme indéfinie de mouvements distincts.

Le phénomène que je viens de décrire n'est
qu'un cas particulier d'un phénomène général.
Tout corps devient, pendant qu'il résonne, le
centre de plusieurs systèmes d'ondes sonores
indépendantes, à chacun desquels correspond
une note. Ce serait une grande erreur de croire
cependant que les notes supérieures qui s'a-
joutent à la note fondamentale forment toujours avec cette dernière un chœur agréable à
l'oreille. La nature n'a aucun souci de notre
sensibilité : tous ses bruits en réalité sont des

discordances. Les notes parasites qui complètent un son ont été nommées des *harmoniques*,
parce qu'on les a observées d'abord dans le cas
des cordes vibrantes, et dans ce cas même ce
nom est presque impropre : les premières harmoniques, il est vrai, remplissent les places de
l'accord parfait (1); mais la septième et la neuvième note supérieure n'appartiennent plus aux
consonnances musicales qu'affectionne notre
instrument auditif. La plupart des corps sonores font entendre outre le son fondamental des
notes parasites absolument discordantes et auxquelles on ne doit pas donner le nom d'harmoniques.

Il n'en est pas moins vrai qu'on doit considérer tout son en général comme accompagné

(1) L'accord parfait est formé de la tonique, de la tierce, de la
quinte et de l'octave. Deux notes sont *dissonnantes* lorsque, réson-
nant ensemble, elles se troublent mutuellement de manière à produire des intermittences périodiques de force et de faiblesse, qu'on
nomme des *battements*. Toute sensation intermittente irrite et
fatigue les nerfs ; c'est ce qui explique le déplaisir causé à l'oreille
par les battements. Deux notes sont *consonnantes* quand les vibrations qui les produisent ne se contrarient point de manière à produire des battements.

d'un cortége, d'un chœur de notes supérieures plus ou moins affaiblies. L'oreille reçoit une impression totale où domine nécessairement l'effet de la tonique. Elle décompose, il est vrai, la vibration complexe qu'elle perçoit en ses composantes simples, dont chacune correspond à une note particulière ; l'impression du son reste une en dépit de cette analyse, car, aussitôt que le clavier de l'appareil auditif a recueilli toutes ces vibrations que produit et enchaîne un même mouvement ondulatoire, la synthèse se refait dans le centre nerveux où aboutit le nerf acoustique, et les impressions multiples se confondent en une seule sensation.

Il est permis de dire que, malgré sa sensibilité ou plutôt en raison même de cette sensibilité, l'oreille n'est pas l'appareil le mieux approprié à faire systématiquement l'analyse des sons ; elle ne peut déceler sûrement, ni classer dans un son complexe toutes les notes composantes. Il est rare que la physique puisse s'en fier à l'observation directe des sens ; il faut qu'elle trouve des appareils où les phénomènes se sim-

plifient, de telle sorte qu'on puisse étudier un à
un les éléments qui les constituent.

Si le physicien veut opérer à son gré la
décomposition de tous les sons, il faut donc
qu'il dispose d'un appareil qui remplisse deux
conditions essentielles. Son instrument doit laisser entendre une note simple, et il ne doit laisser entendre aucune des notes qui l'enveloppent ou la dominent dans le son composé. C'est
ce problème délicat que M. Helmholtz a heureusement résolu, et voici de quelle manière.

Tous les sons, on l'a dit, ne sont pas également riches en notes élémentaires. Si les cordes
vibrantes sont extraordinairement fécondes en
harmoniques, la plupart des corps rendent des
sons beaucoup moins complexes. A ce nombre
appartiennent les membranes tendues, les ver-
ges métalliques, les diapasons. Leur pauvreté
acoustique peut encore être augmentée, si on
les met en communication avec une boîte
creuse dont la résonnance propre enfle une
seule note au détriment des autres.

Tout le monde sait qu'on enfle le son fonda-

mental d'un diapason et qu'on étouffe les notes
discordantes en le plaçant sur une caisse sonore
de dimensions convenables. Dans ces conditions, le diapason ne fait plus entendre qu'une
note élémentaire dégagée de toute note para-
site. Une membrane tendue sur un tambour
agit de même façon. La résonnance du tambour
ayant pour effet d'enfler une note et d'étouffer
les autres, un tel appareil peut donc servir à
déceler, en y faisant écho, la note maigre et
toujours simple qu'il produit par lui-même ; il
entrera forcément en branle dès que l'air lui
apportera le mouvement qui lui convient, car
rien de plus contagieux et de plus sympathique
que l'ébranlement sonore. Que dans ces circonstances une membrane ou un diapason vibre
spontanément, c'est un fait d'expérience presque vulgaire. Donnez un coup d'archet sur une
corde, et le flux de l'air tirera bientôt comme
un soupir d'une corde voisine accordée à l'unisson. Soulevez les marteaux d'un clavier et chantez une note avec force, le clavier répondra.
Des chanteurs ont, dit-on, brisé des verres en

tenant longtemps avec force la note qui répondait à leur vibration naturelle. Deux diapasons montés sur des boîtes de résonnance sont d'accord : je remue l'un, l'autre remuera ; mais si je laisse seulement tomber sur l'un des deux une goutte d'huile ou de cire, l'harmonie moléculaire sera rompue, l'écho ne répondra plus. Une membrane appliquée à une caisse de résonnance trahira donc, au milieu d'une cacophonie extérieure, la note unique qui répond à sa propre vibration ; elle sera comme un homme qui, sourd à tous les bruits, n'aurait d'oreille que pour un seul.

M. Helmholtz a profité des propriétés des membranes pour en faire de vrais *analyseurs* des sons. Coupez horizontalement une bouteille vers la moitié de sa hauteur, prenez le haut de cette bouteille coupée, tendez une peau sur sa plus large ouverture, et vous aurez le singulier appareil acoustique que M. Helmholtz nomme un *résonnateur*. L'air pénètre par le goulot dans la bouteille, mais, quelque bruit qui le traverse, la membrane ne frémira que s'il s'y

mêle une ondulation qui puisse s'harmoniser
avec sa vibration naturelle : une note, toujours
la même, la remuera ; toutes les autres, quelle
qu'en soit l'intensité, la laisseront immobile.

Ce résonnateur grossier n'est pourtant pas
celui que M. Helmholtz a employé dans ses expériences : pour membrane, il prend le tympan même de l'oreille, et il y applique des globes creux de verre ou de cuivre qui servent de
bouteille sonore ou de résonnateur. Ces globes,
de grandeur variable, ont tous une pointe per-
cée, semblable à la queue d'une poire, qui pénètre dans l'oreille ; du côté opposé de la poire,
un orifice circulaire est ouvert pour l'accès
de l'air.

La membrane du tympan ferme la pointe
mince du résonnateur quand on l'applique à
l'oreille : or, chacune de ces grosses poires
creuses possède sa note fondamentale, qui est
en rapport avec les dimensions de la boule et
avec la grandeur de l'ouverture. Lorsqu'on
introduit la pointe de l'une de ces poires dans
une oreille en ayant soin de boucher l'autre, on

se condamne à n'entendre plus qu'une seule
note : chaque résonnateur nouveau est comme
une oreille nouvelle qui ne serait construite que
pour un son. Au milieu du concert le plus
bruyant, toutes les autres notes semblent étouffées, tandis que la note du résonnateur éclate
avec force chaque fois que l'harmonie la ra-
mène ; bien plus, on peut la rechercher, la retrouver dans les bruits les plus vagues, les plus
indistincts, dans les sifflements du vent, dans
le vacarme d'une foule, dans le murmure et le
retentissement des eaux courantes. Le résonnateur est un véritable réactif qui décèle toujours le son qui lui est propre : aussi permet-il
aux physiciens qui auraient l'oreille la moins
assouplie aux nuances musicales de faire une
foule d'expériences qui leur étaient autrefois
interdites ; il met l'acoustique la plus fine à la
portée des oreilles les plus dures. Telle est la
sensibilité de l'instrument, qu'il n'entre pas seulement en vibration quand un corps voisin
chante sa note fondamentale : il suffit d'un son
plus grave, accompagné d'une harmonique

avec laquelle sa note puisse s'accorder. Cet ingénieux appareil se prête donc admirablement
à l'étude des notes harmoniques; si faibles
qu'elles soient, il les retrouve, les tire pour ainsi
dire du milieu sonore où elles se noyaient.

C'est avec une série de résonnateurs diver-
sement accordés que M. Helmholtz est arrivé à
analyser tous les sons, de même que par des
moyens mécaniques, des prismes de verre par
exemple, on décompose la lumière. Il a divisé
le son en lui opposant des résonnateurs de forme
et de grandeur diverses. Les sons de la plupart
des instruments de musique se composent de
notes partielles d'intensité différente; ces notes
composantes se mêlent dans la sensation ordinaire, qui en forme spontanément la synthèse,
mais on peut les isoler, les trier en quelque
sorte en usant de ces oreilles artificielles qui ne
sont adaptées qu'à une vibration unique.

Il faut distinguer entre l'*impression* et la *sensation* du son : l'impression résulte de la communication d'un mouvement matériel à une
partie du système nerveux; la sensation rap-

porte ce mouvement à la présence d'un objet externe. L'impression est essentiellement subjective, la sensation cherche au contraire un objet. La première est tout à fait passive, la seconde peut recevoir une éducation plus ou moins complète, s'atrophier ou s'affiner au gré de la volonté. Au milieu d'un concert, qu'avons-nous intérêt à distinguer? Les divers instruments, violon, flûte, clarinette, basse, etc.; aussi nous apprenons de bonne heure et bien vite à le faire. Dans une conversation bruyante, il nous importe de rapporter les voix aux personnes : l'habitude nous rend ce travail facile; mais s'il nous est absolument nécessaire de reconnaître des sons d'origine diverse, il ne nous sert de rien d'analyser dans un son particulier toutes les notes composantes; cette analyse ne ferait que jeter le trouble dans notre sensibilité. Si nous avions acquis à force d'attention le privilège de décomposer tous les sons, ce morcellement perpétuel nous empêcherait de percevoir aussi aisément que nous le faisons par l'ouïe les phénomènes du monde externe.

Les impressions multiples qu'imprime au système nerveux une note escortée de ses parasites harmonieux se fondent, se marient donc d'ordinaire en une seule sensation. Il faut apporter à l'analyse de cette sensation une attention très-grande, une certaine puissance, une certaine intensité d'abstraction, pour y retrouver des impressions diverses : cela peut se faire pourtant, et l'expérience intéresse autant le philosophe que le physicien. Frappez, par exemple, un *ut* sur un piano où les marteaux auront été soulevés pour donner aux cordes toute liberté, vous ne tardez pas à entendre, en prêtant attentivement l'oreille, deux notes supérieures, à peine perceptibles d'abord et bientôt plus distinctes (1). Ces notes, qu'on dirait répercutées par l'écho, répondent à des vibrations trois fois, cinq fois plus rapides que celles de l'*ut* fondamental (2). Pour faire plus facilement l'expé-

(1) Le *sol* de l'octave supérieure et le *mi* de la double octave.
(2) Les vibrations de vitesse double et quadruple (qui répondent à l'octave et à la double octave) sont beaucoup plus difficiles à suivre.

rience, il faut se mettre à l'avance dans l'oreille, en la jouant à part, la note harmonique que l'on cherche à entendre.

On pourrait croire, puisqu'on entend mieux ce que l'on veut entendre, qu'il y a dans le phénomène une illusion de l'esprit; mais les incrédules sont bien faciles à détromper. Prenons une fine corde métallique : en vibrant, elle se divisera spontanément en deux, trois, quatre, cinq parties, pour donner toutes ses harmoniques ; les points de division se nomment *nœuds* et restent immobiles dans le mouvement relatif. Entre deux nœuds se place ce qu'on nomme un *ventre*, point où l'élan vibratoire entraîne la corde le plus loin possible de sa position primitive. Cela étant bien compris, supposons que la corde vibre pleinement de façon à donner toutes ses harmoniques (et l'on peut en obtenir jusqu'à seize à la fois), il sera facile de supprimer à volonté certaines d'entre elles en touchant légèrement du doigt ou avec un pinceau les points de la corde où la théorie apprend à l'avance que doivent se trouver les ventres correspondant à ces harmoniques. Si je touche le milieu de la corde, toutes les harmoniques d'ordre impair disparaissent ; si l'arrêt porte au tiers de la longueur, les nᵒˢ 3, 6, 9 font défaut. On peut varier et nuancer cette expérience à l'infini, appuyer plus ou moins légèrement sur le point de la corde qu'on veut étouffer, faire passer le son par des gradations successives, depuis le timbre le plus plein jusqu'au timbre le plus grêle, l'enrichir et l'appauvrir à volonté ; l'oreille suit docilement toutes ces métamorphoses. Elle ne perçoit plus les harmoniques dès qu'elles viennent à manquer ; celles-ci ont donc une réalité absolue et indépendante des sensations subjectives de l'observateur.

Les instruments à cordes sont les plus riches en harmoniques ; dans la plupart des instruments à vent, et surtout dans la voix humaine, il est beaucoup plus difficile de les entendre. Cependant Rameau les avait déjà très-bien décelées dans la voix de l'homme (1). Il avait

(1) *Éléments de musique.* Lyon, 1762.

remarqué que le son fondamental est escorté
de deux notes aiguës, la quinte de l'octave et la
tierce majeure de la double octave. C'est même
à ce grand musicien que l'on doit les expres-
sions de *son fondamental* et de *sons harmoniques*. Il essaya de baser sur le phénomène de la
résonnance multiple toute la théorie musicale,
et d'en déduire la formation de la gamme et
jusqu'aux principales règles de l'harmonie. Son
œuvre malheureusement devait rester imparfaite, car, sans moyens mécaniques d'analyser
les sons, il connaissait trop peu d'harmoniques,
et était réduit à tâtonner dans la direction où
le poussaient, à défaut de la science, son génie
profond et la délicatesse rare de ses percep-
tions. Helmholtz a complété l'œuvre imparfaite
du musicien français : ses instruments fournissent à l'harmonie des guides sûrs; l'analyse des
sons devient aussi aisée, aussi précise, qu'elle
était autrefois vague et difficile.

Depuis longtemps les constructeurs d'orgues
avaient senti la nécessité d'enfler les harmoniques de la note fondamentale. Les tuyaux

d'orgue sont par nature relativement pauvres
en harmoniques; aussi, quand on tient à donner à une note beaucoup d'éclat et de puissance, on la renforce d'un jeu spécial, composé
de trois à sept tuyaux d'étain accordés dans le
rapport des consonnances harmoniques, c'est-
à-dire à l'octave ou à la quinte les uns des
autres (en Italie, on emploie aussi la tierce).
Cet ensemble de tuyaux qui résonnent en commun se nomme une *fourniture* et s'emploie
pour le *plein jeu*. Il donne à l'oreille la sensation d'une *seule* note, qui est la plus grave de
l'assemblage; les harmoniques aiguës n'ont
pour effet que d'enrichir, d'assaisonner le son,
de le timbrer. La théorie des *fournitures* était
restée jusqu'à ce jour une énigme pour les
physiciens comme pour les constructeurs d'orgues : elle s'explique très-bien depuis que
M. Helmholtz a démontré par l'expérience que
tout son musical est analogue au chant d'une
fourniture.

La connaissance des harmoniques devait, à
cela près, rester stérile tant qu'on les prenait

2.

pour des échos fugaces, irréguliers, trop faibles
pour que l'oreille eût besoin d'en prendre souci.
On sait aujourd'hui qu'elles jouent un rôle pré-
pondérant dans le phénomène du son, qu'elles
lui donnent la qualité, le timbre, ce qu'on pourrait nommer la couleur. On fait de la *musique
grise* avec des instruments qui ne donnent qu'un
son fondamental, des membranes, des diapasons, des cordes gênées en leurs mouvements,
des tuyaux d'orgues larges et fermés ; on fait
de la *musique colorée* avec des cordes librement
vibrantes, des tuyaux d'orgue renforcés de
fournitures. Chaque son est alors plein d'harmoniques, et les impressions se pressent en
foule sur l'appareil auditif.

On est surpris, dès qu'on se met à étudier les
harmoniques, de les trouver quelquefois si
sonores; il ne faut point les tenir pour faibles
parce qu'on a quelque difficulté à les distinguer,
car cette difficulté tient moins à la faiblesse des
vibrations qu'à un phénomène à la fois physiologique et psychologique. Nous n'avons aucune
peine à rapporter des sons divers à des instru-

ments différents ; mais ce n'est point assez de
dire que l'expérience nous a permis de les distinguer sans effort, il faut considérer que mille
circonstances matérielles nous y aident sans
cesse. Sur des instruments divers, la même note
a des phases d'intensité variables ; elle éclate et
meurt lentement sur un piano, elle s'enfle dans
un instrument à vent ; sur le violon, surtout
quand l'artiste est maladroit, une série de
petites interruptions y ajoutent quelque chose
de grinçant. Chaque instrument ou chaque voix
suit de plus un rhythme particulier : les notes,
ici rapides et voltigeantes, là sont lentes, solen-
nelles ; les intervalles diffèrent aussi ; tantôt les
notes sautent, bondissent librement, tantôt elles
montent et descendent avec lenteur. Enfin, dans
chaque instrument la production du son s'accompagne de petits bruits caractéristiques.
L'archet du violon frotte, gratte ; l'air siffle aux
ouvertures des instruments à vent ; le bruit sec
des touches se mêle sur le piano aux vibrations
des cordes. Notre sensibilité est habituée à
toutes ces nuances, et ces circonstances expli-

quent pourquoi nous distinguons habituellement les sons, même à l'unisson ; mais qu'on fasse entendre à l'oreille la plus fine deux notes produites dans des conditions physiques *absolument identiques*, à l'octave par exemple l'une de l'autre, et l'oreille déroutée croira entendre seulement le son le plus grave, la note supérieure sera perdue, fondue dans la note inférieure (1). L'oreille naturelle a peu d'aptitude à séparer des notes harmoniques ; aussi arrive-t-il constamment aux meilleurs musiciens de se tromper d'une octave. Le fameux violoniste Tartini (2), qui avait poussé très-loin la théorie musicale, a surélevé d'une octave un grand nombre de tons qui naissent de la concurrence de deux sons.

(1) Helmholtz en a fait l'expérience en faisant vibrer l'air dans deux carafes à l'orifice desquelles aboutissaient des tuyaux de caoutchouc où un soufflet faisait passer de l'air. Quand la carafe accordée sur la note la plus grave entrait en vibration, elle faisait entendre une note étouffée dont le timbre rappelait le son de la diphthongue *ou*. Quand les deux carafes vibraient ensemble, on entendait toujours le son fondamental ; seulement l'addition du deuxième son, qui était l'octave harmonique du premier, donnait au son total le timbre d'*o*.

(2) *Traité de l'harmonie*, 1754.

II

LES INSTRUMENTS DE MUSIQUE

II

LES INSTRUMENTS DE MUSIQUE

De ce qui précède on peut conclure que le *timbre* musical résulte de la fusion de notes aiguës plus ou moins nombreuses, plus ou moins intenses, avec un son fondamental; cette importante découverte donne le moyen de caractériser le rôle des divers instruments de musique, et d'en établir en quelque sorte la hiérarchie harmonique. Je commence par les instruments dont la sonorité est non-seulement pauvre, mais encore enfermée dans de perpétuelles discordances. La cloche, le diapason, les harmonicas, les tambours et tambourins n'of-

frent aux musiciens que peu de ressources
et d'un emploi périlleux. Les sons qu'on en
tire s'accompagnent de parasites suraigus en
désaccord avec la note fondamentale. J'ai dit
comment on peut corriger ce défaut dans le
diapason, en le plaçant devant une boîte de
résonnance. Il ne donne alors qu'une vibration,
un son simple, toujours le même, et n'a dans
l'orchestre qu'un genre d'utilité parfaitement
connu.

Il ne serait pas aussi facile d'étouffer les dissonances de la cloche ; tout l'art des fondeurs
s'applique à trouver empiriquement une forme
telle que les notes supérieures ne jurent point
trop avec la note fondamentale. En attendant,
une oreille juste ne saurait goûter les carillons
dont certaines villes sont si fières. La musique
en est fausse, et ces dissonances perpétuelles,
dont le retour régulier fait encore mieux ressor-
tir l'aigreur, mettent à la torture une sensibilité
quelque peu délicate. La cloche, il est vrai, a
été employée dans des opéras pour produire
certains effets dramatiques ; mais elle remplit

alors d'autant mieux son rôle, qu'elle jette une sorte de désarroi lamentable dans tout l'orchestre.

Les membranes offrent peu de ressources à l'harmonie. Les compositeurs modernes ont pourtant singulièrement abusé des timbales, et souvent le roulement s'en fait entendre tout à fait hors de propos. Le tambour ordinaire sert à marquer vigoureusement le rhythme d'une marche, le tambour de basque accentue la mesure d'une danse rapide ; mais ce sont là, il faut l'avouer, des instruments de sauvages, et la science musicale peut les mépriser.

Les instruments les plus dociles de l'harmonie seront toujours les cordes vibrantes : avec quelques violons, Mozart, Beethoven, portent l'âme humaine aux plus hauts sommets de l'émotion musicale ; rien n'ébranle l'être intérieur aussi profondément, rien ne lui imprime un élan aussi plein, aussi noble que les riches et puissants accords d'un orchestre d'instruments à cordes. C'est pourquoi la lyre est encore le symbole de la grande harmonie, de celle qui combine des sons et non des bruits, qui a une âme enfin ; c'est pourquoi le violon, la viole, la harpe, sont avec elle les seuls attributs que les peintres donnent à la musique. C'est par la même raison que, dans un tableau célèbre, Dominiquin n'a pas hésité à montrer sainte Cécile jouant de la contre-basse. Les instruments à cordes se divisent en deux classes : dans la première, on pince les cordes ou on les frappe ; dans la seconde, on les frotte avec un archet. A la première classe appartiennent le piano, la harpe, la guitare, la cithare et le violon par les *pizzicati*. Les cordes pincées ou frappées donnent un son très-riche en harmoniques ; le nombre et l'intensité de ces dernières dépendent de la façon dont la corde est ébranlée, du point où on l'ébranle, enfin de son épaisseur, de sa roideur et de son élasticité. Sur la harpe et la guitare, on la pince avec le doigt ; sur la cithare, on se sert d'un anneau ou plectrum. Sur le piano, la corde est frappée vivement par un marteau. Plus le choc est grand, plus la force vive imprimée à la corde

teud à y multiplier les ondulations harmoniques. Aussi y a-t-il avantage sur le piano à
employer des marteaux lourds et très-élastiques
qui bondissent avec force. Les luthiers savent
que la composition de ces marteaux a l'influence la plus directe sur le timbre de l'instrument. Avec un bon piano, on entend facilement
les six premières harmoniques de chaque note ;
la septième fait défaut, parce que les luthiers
la suppriment en choisissant d'une manière
convenable le point où le marteau heurte la
corde.

Il suffit, nous l'avons dit, pour supprimer une
vibration, de déterminer un nœud à l'un des
points où cette vibration nécessiterait un ventre :
touchez, par exemple, le milieu de la corde, et
elle ne pourra vibrer dans son entier, ni par
tiers, ni par cinquièmes, etc. Sur le piano, les
marteaux sont placés de telle façon qu'ils frap-
pent les cordes en des points placés environ
entre le septième et le neuvième de leur longueur. L'expérience de deux siècles a conduit
les luthiers à adopter cette règle empirique, et

la théorie démontre qu'elle a précisément pour effet de supprimer ou du moins d'affaiblir considérablement la septième et la neuvième harmonique, qui sont toutes deux en dissonance avec la tonique. Dans les hautes octaves, les cordes sont très-courtes et très-roides, et on les frappe encore plus près de l'extrémité pour laisser plus de liberté au développement des harmoniques et pour donner au son du brillant. Sur ces parties élevées de l'instrument, les harmoniques ont peine à naître à cause de l'extrême tension des cordes; mais, dans les parties moyennes et basses, il arrive que certaines harmoniques sont plus intenses que le son fondamental lui-même. Le toucher a une influence marquée sur ce phénomène; aussi n'y a-t-il pas d'instrument dont le timbre soit aussi variable, aussi souple, aussi personnel que celui du piano. Sous des doigts habiles, il se prête aux effets les plus divers, et semble prendre des voix différentes au gré de l'artiste.

Le frottement de l'archet détermine sur les cordes des vibrations dont la théorie n'est pas aussi simple que dans le cas du simple choc. Les notes harmoniques naissent toutefois avec facilité sous la douce torsion de l'archet. La note fondamentale ainsi obtenue est relativement plus puissante que celle d'un clavier ou d'une guitare ; les six premières harmoniques demeurent plus faibles, mais en revanche les plus aiguës, depuis la sixième jusqu'à la dixième, sont très-distinctes, ce qui donne au son total un éclat plus perçant. Tout le monde sait que les cordes du violon communiquent leur vibration à une boîte sonore, faite de bois mince et élastique, qui joue le rôle d'un résonnateur. La qualité, le timbre des sons tient non-seulement au coup d'archet, mais encore à l'élasticité plus ou moins parfaite de la caisse sonore, aux nuances les plus délicates de ses courbures. Un mauvais joueur n'arrachera d'un de ces violons que les artistes vénèrent et se disputent que des sons secs et grinçants : un bon violoniste réussira sans peine à tirer d'un instrument médiocre des sons tendres, nourris et onduleux.

Arrivons à un autre ordre d'instruments, les

instruments à vent. Dans les uns, le courant
d'air souffle contre une arête aiguë ; dans d'autres, il fait vibrer une sorte de langue élastique
qu'on nomme *anche*. A la première classe appartiennent les flûtes et une nombreuse catégo-
rie de tuyaux d'orgue. Dans la flûte, la bouche
de l'artiste lance un courant d'air sur l'arête
tranchante d'un orifice ouvert dans un tube
cylindrique. Dans les orgues, on voit des
tuyaux carrés de bois ouverts par le haut, ou
des tuyaux cylindriques d'étain fermés ; ces
grandes colonnes d'air sont mises en vibration
par le jet du vent contre un biseau tranchant.
L'air reçoit une série de chocs sur ce biseau et
produit un bruit qui est le mélange confus d'une
multitude de notes. La colonne d'air, faisant of-
fice de résonnateur, s'approprie et enfle celles de
ces notes dont les vibrations lui conviennent ;
en se développant, ces notes font bientôt taire
le petit murmure de l'orifice, et l'on n'entend
plus, de loin surtout, que la puissante harmonie
du son dominant. Le timbre du tuyau dépend
donc du nombre et de l'intensité des harmoni-

ques qu'il est apte à produire ; plus les tuyaux
sont étroits, plus facilement la colonne emprisonnée peut se charger de vibrations ; plus au
contraire on les élargit, plus la colonne d'air a
peine à se subdiviser, et plus on donne de prédominance à la note fondamentale seule. C'est
pour cela que les registres des cylindres minces
et étroits représentent, si l'on me permet le
mot, les instruments à cordes dans le majes-
tueux orchestre de l'orgue ; ce sont les registres
du *violon principal*, du *violoncelle*, de la *basse*,
de la *viole*. Ils fournissent un son riche et coloré,
où l'on peut distinguer encore jusqu'à six harmoniques. Dans les tuyaux plus larges, les
harmoniques s'évanouissent ; dans ce qu'on
nomme les *voix principales*, dont le timbre
caractérise essentiellement l'orgue, la note fondamentale domine, grave, molle et pourtant
puissante, et les notes supérieures sont réduites
à un rôle secondaire. Dans les tuyaux de bois,
ces registres ne laissent plus entendre que l'octave avec une trace de la quinte aiguë, tout le
reste a disparu.

La particularité des instruments à vent tient
à ce que la vitesse du jet de l'air a une action
directe sur la note fondamentale ; en lançant le
vent de plus en plus vite, on obtient, non pas la
même note plus ou moins intense, mais une
succession d'harmoniques. C'est ce qui fait qu'il
ne faut point compter sur le vent pour obtenir
les nuances du *piano* et du *forte ;* pour enfler
ou diminuer le son, on n'a d'autre moyen que
de changer les registres, d'employer tantôt les
plus retentissants, les plus timbrés, tantôt les
plus doux et les plus voilés. L'organiste rencontre donc des difficultés toutes spéciales dans
le jeu expressif ; il ne peut modifier l'accent que
par saccades discontinues : aussi l'orgue ne con-
vient-il pas comme les instruments à cordes à
certaine musique passionnée, qui berce la sensibilité musicale, la caresse et l'enveloppe d'entrelacements souples et pour ainsi dire vivants.
En revanche, quelle majesté ne donne point
à son jeu la plénitude des notes, qui, tant
qu'elles sont tenues, conservent la même puissance ! Comme ces voix mâles, résolues, pa-

tientes, où l'on ne sent jamais l'émotion de l'homme, conviennent bien à une musique austère, qui ne cherche ses effets que dans les savantes combinaisons de l'harmonie ! le caractère impersonnel de l'orgue en fait l'instrument religieux par excellence ; il y a quelque chose de plus implacable dans ses rugissements et ses tonnerres que dans ceux d'un orchestre ordinaire, et dans les mélodies les plus douces et les plus tendres on sent je ne sais quelle sérénité, quel détachement de la passion humaine ; le trouble devient terreur, le plaisir extase. Raphaël, voulant peindre la Musique sacrée, montre sainte Cécile offrant au ciel un petit jeu d'orgue qu'elle tient entre les mains : à ses pieds gisent en désordre et demi-brisés les instruments de la musique profane, violes sans cordes, tambours de basque, triangles, tambourins.

Dans les instruments *à anche*, les vibrations sont produites par une petite languette qui frémit sous le courant d'air venant d'une soufflerie ou des poumons. On use de ce moyen dans certains registres d'orgue, dans l'*harmonium*,

3.

dans la clarinette, le hautbois, le basson. Les lèvres humaines fonctionnent elles-mêmes comme anche membraneuse sur le cor, le trombone, l'ophicléide, et en général sur les instruments de cuivre. Ce qui caractérise le son dans ces derniers instruments, c'est l'intensité des harmoniques les plus aiguës ; de là vient qu'ils ont un timbre dur, criard et perçant. On pourrait appeler les cuivres les instruments de la dissonance : aussi ne doit-on les employer que dans un orchestre ; ils sont condamnés à un rôle accessoire, il faut se garder de les y faire prédominer.

En résumé, le musicien veut-il un son mou, sans force, pauvre en harmoniques, il a la flûte. Veut-il des sons musicaux pleins, mais clairs et encore amollis, il a le piano, les tuyaux d'orgue ouverts, certaines notes du cor. Veut-il un son creux, qui résulte de l'isolement des harmoniques impaires, il a les tuyaux d'orgues couverts. Veut-il un son nasal, où il n'y a de même que des harmoniques impaires, mais où dominent les plus aiguës, il a la clarinette. Veut-il des sons expressifs, perçants, riches, il a les instruments à cordes, le hautbois, le basson. Veut-il enfin des sons aigus, durs et retentissants, il n'a qu'à choisir parmi les instruments de cuivre.

III

LA VOIX HUMAINE

III

LA VOIX HUMAINE

Occupons-nous enfin de l'instrument par excellence, de la voix humaine : l'étude en a été singulièrement facilitée par le miroir laryngien ou *laryngoscope*, instrument perfectionné et vulgarisé par un physiologiste, M. Czermak. Ce petit appareil permet de regarder à l'aise dans l'arrière-bouche, et d'apercevoir les vibrations qui accompagnent la parole. Les ligaments vocaux agissent à la façon de deux lèvres membraneuses qui, en se fermant et s'entr'ouvrant rapidement, produisent un son, et la chambre résonnante de la bouche ne fait qu'enfler les notes chantées par le larynx. L'anche du larynx, jouissant d'une merveilleuse contractilité, a sur celle des instruments ordinaires le privilége de pouvoir donner une immense variété de sons. Le mouvement discontinu de l'anche, qui ferme et ouvre alternativement le passage de l'air, se prête d'une façon toute spéciale au développement des harmoniques, et dans le bruit perçant d'une anche libre métallique vibrante, l'oreille armée de résonnateurs peut en discerner jusqu'à vingt. Dans une belle voix humaine, il y a une richesse d'harmoniques incroyable. Le son et le timbre d'un instrument à anche sont nécessairement modifiés par la colonne d'air à laquelle se communiquent les mouvements de la languette. Cette masse d'air agit comme un véritable résonnateur qui enfle certaines notes de l'anche au détriment des autres. Il faut donc considérer l'instrument de la voix humaine comme une anche à note variable, complétée par un résonnateur à résonnance variable. La glotte est l'anche, la bouche le résonnateur. Il est impossible d'imaginer un appareil plus ingénieux, qui montre mieux à quel point les œuvres de la vie dépassent et humilient toujours celles de l'industrie humaine. Tandis que la glotte frémissante chante sur tous les tons de l'échelle musicale, la bouche et la langue docilement se contractent, s'enflent, se creusent, se modèlent, de façon à faire résonner inégalement les harmoniques, et à donner ainsi au son total les timbres les plus différents. A ces timbres, bien autrement distincts que ceux qu'on obtient par des artifices divers du même instrument de musique, on donne le nom de *voyelles*. Tel chœur d'harmoniques est *a*, tel autre *o*, un troisième *i*; les diphthongues qui permettent de passer des unes aux autres par des gradations sans fin ne sont autre chose que des combinaisons intermédiaires.

Cette théorie des voyelles, qui a été proposée pour la première fois par le physicien anglais Wheatstone, et que M. Helmholtz a mise audessus de toute contestation, présente à l'esprit je ne sais quoi de singulier qui d'abord choque

l'esprit. Cela tient à ce que la voix humaine est,
de tous les sons, celui que nous sommes le
moins habitués à analyser. Il ne nous vient jamais à l'esprit de considérer une émission de
voix autrement que comme une chose *simple;*
nous sommes trop habitués à l'écouter avec
d'autres préoccupations que les sons ordinaires;
pour nous, la voix a une valeur symbolique,
représentative, une expression qui en déguise
la nature purement matérielle. Aussi, malgré
l'extrême complexité harmonique de la voix
humaine, elle se dérobe à l'analyse plus que les
sons de tout autre instrument, et les résonnateurs artificiels sont ici particulièrement nécessaires. La richesse de la voix, on le comprend
aisément, dépend de l'état de la glotte et surtout de la fermeture plus ou moins hermétique
de cet orifice. Le moindre rhume irrite les
lèvres de l'anche et altère la qualité des sons.
A une glotte qui ferme mal correspond une voix
terne, sourde, pauvre; quand les ligaments vocaux débordent et battent l'un contre l'autre, le
timbre devient dur et rauque. Un infiniment

petit fait ces voix enchanteresses dont le charme victorieux nous procure de si vives jouissances.

Au moment où la voix naît sur les lèvres tremblantes de la glotte, elle se compose d'une série de vibrations accordées sur une longue série d'harmoniques. Si rien ne la modifiait, les notes supérieures diminueraient graduellement d'intensité en s'écartant de la note fondamentale, et c'est bien ce qui arrive à peu près lorsqu'on chante la bouche grande ouverte, et que par conséquent le résonnateur buccal agit avec le moins d'efficacité ; mais lorsqu'on diminue l'orifice de ce résonnateur et qu'on en modifie la forme, soit à l'aide des lèvres, soit à l'aide de la langue, il se produit une véritable sélection parmi les harmoniques ; celles dont la vibration peut s'accorder avec les dimensions nouvelles du résonnateur s'accusent fortement, les autres sont étouffées, et c'est ainsi qu'est modifié le timbre de la voix. Le professeur de philosophie de M. Jourdain n'était pas si sot quand il expliquait doctement à son élève étonné de quelle façon il faut remuer la bouche.

et la langue pour prononcer les diverses voyelles.

Il n'est pas difficile de découvrir quelles sont les vibrations appropriées au résonnateur humain dans les diverses formes qu'il peut prendre, et il importait de le chercher pour savoir quelles sont les notes qui donnent, qu'on me permette le mot, la couleur aux diverses voyelles. Tenez un diapason vibrant devant la bouche, et il résonnera plus fort quand la vibration buccale sera d'accord avec la sienne. A l'aide d'une série de diapasons accordés, M. Helmholtz a pu chercher ainsi les notes favorites du résonnateur buccal (1). Il résulte

(1) Dans ces diverses positions, ce résonnateur s'accorde sur des notes différentes. Qu'un chanteur tienne, par exemple, devant la bouche un diapason qui donne fa_2, et qu'il chante une des sous-harmoniques de cette note (c'est-à-dire une note dont fa_2 soit une harmonique supérieure) successivement sur *a, o, i, u, ou,* etc.; on entendra le diapason résonner plus vigoureusement pour *ou* que pour les autres voyelles ou diphthongues. S'il met devant la bouche un diapason accordé au *si* bémol de l'octave supérieure (*si* bémol$_3$), c'est l'*o* alors qui agitera plus fortement le diapason; un autre diapason accordé à l'octave du précédent sera plus sensible à l'*a*. Que conclure de là? C'est que, lorsque le résonnateur buccal prend la forme qui convient à l'*ou,* il enfle toute note dont fa_2 est

de ses délicates expériences que, pour chaque voyelle, pour chaque diphthongue, il y a sur l'échelle musicale des notes privilégiées qui donnent au son sa couleur spécifique et sa pleine valeur. Sans employer l'artifice des diapasons, qui décèlent si bien les notes buccales, écoutez simplement quelqu'un chanter des gammes sur les diverses voyelles, et vous serez surpris de trouver dans la même voix parfois une si belle sonorité, parfois tant de maigreur et un caractère si voilé. Pour tirer le meilleur parti possible de l'instrument vocal, on ne devrait chanter sur une voyelle que certaines notes.

D'une façon générale, on réserverait les *ou*, les *o* aux voix de basse, les *a*, les *i*, les *u* aux voix de soprano. Qui n'a remarqué d'ailleurs que, lorsqu'une chanteuse descend à ses cordes

une harmonique; quand la bouche s'adapte à l'*o*, elle enfle tout son qui a si_3 parmi ses harmoniques; quand elle donne l'*a*, la note buccale se hausse encore d'une octave. Pour certaines diphthongues et voyelles, le résonnateur mobile a deux vibrations propres; pour *ai*, *e*, *i*, *u*, l'une des deux notes buccales est extrêmement aiguë.

les plus basses, le son de sa voix tourne forcément à l'*ou*? C'est cet accent sourd qui donne une expression particulière à la voix dite de contralto. Les belles voix de soprano se complaisent aux sons *a*, *i*, *o*; c'est pourquoi la langue italienne, si riche en terminaisons de cette espèce, prête à ces voix un charme tout particulier. Tous les chanteurs connaissent par expérience l'affinité de certaines voyelles pour certaines notes, et savent en tirer parti à l'occasion.

Si cette théorie est exacte, on comprend qu'on puisse essayer la reproduction artificielle des voyelles. Cette tentative avait été faite déjà par un physicien anglais, M. Willis. Prenant un tuyau d'orgue à anche dont il pouvait faire varier la longueur, il en tirait, en allongeant successivement la colonne d'air vibrante, les sons de l'*i*, de l'*e*, de l'*a*, de l'*o*, de l'*u*; mais dans cette expérience on ne faisait point la vraie synthèse des voyelles, on obtenait seulement des effets de résonnance variable sur le son très-complexe émis par la languette de l'anche. M. Helm-

holtz a opéré cette synthèse en mêlant diver-
sement des sons simples, dégagés d'harmoniques. Nous avons déjà dit que les diapasons
fournissent le meilleur moyen d'obtenir des
notes de cette espèce. Le premier appareil construit par Helmholtz portait huit diapasons
accordés suivant la note dite B (1) et les sept
premières harmoniques de cette note. Devant
chaque diapason est placée une boîte de résonnance cylindrique accordée à la note, et qui
peut s'ouvrir ou se fermer rapidement à l'aide
d'un couvercle mobile : les sept couvercles sont
mis en mouvement, comme les marteaux d'un
piano, par le jeu des doigts sur un clavier. Sur
ce piano à huit notes de M. Helmholtz, où des
diapasons tiennent lieu de cordes, chaque fois
qu'on appuie sur une touche, le résonnateur
correspondant s'ouvre, et les vibrations du diapason, sourdes et étouffées jusque-là, s'enflent
et font entendre une note simple. Les huit diapasons sont tenus constamment en vibration,

(1) C'est un si bémol très-grave qui correspond à 120 vibrations
seulement par seconde.

parce que chacun d'eux est placé entre les deux pôles d'un électro-aimant qui, 120 fois par seconde, s'aimante et se désaimante (1).

Voilà donc les huit diapasons harmoniques en mouvement : la vibration en reste muette, tant qu'on laisse immobiles les touches du clavier ; mais sitôt qu'on les presse, les résonnateurs se découvrent, et les notes se font entendre. On comprend qu'on puisse ainsi les combiner

(1) Lorsque le courant passe, la fourche du diapason s'écarte par l'attraction des deux pôles qui font face à ses extrémités, et, quand le courant est interrompu, la fourche revient à sa place primitive. Chaque électro-aimant donne donc 120 secousses par seconde à chaque diapason ; le diapason de la note la plus grave, qui répond précisément à 120 vibrations par seconde, se met à vibrer avec beaucoup d'ampleur et de force ; la première harmonique qui suit, accordée pour un nombre double de vibrations, reçoit un choc nouveau après deux vibrations ; elle peut donc se mettre en branle, bien qu'un peu plus faiblement, et ainsi de suite jusqu'à la dernière harmonique, qui ne reçoit une impulsion nouvelle de l'aimant qu'après avoir exécuté sept allées et venues vibratoires. Mais comment obtenir un courant qui, par seconde, s'interrompe précisément 120 fois, pas une fois de plus ni de moins? C'est à l'aide d'un autre diapason, accordé aussi à 120 vibrations, dont les mouvements mêmes ouvrent ou interrompent un courant, combinaison bien facile à réaliser, car il suffit qu'un petit style léger, attaché à l'extrémité d'une branche du diapason, sorte à chaque vibration d'une cuvette pleine de mercure, de façon à interrompre un courant dont le bain de mercure fait partie.

de toute façon. En jouant de ce singulier instrument, on s'assure que les mélanges divers
d'harmoniques engendrent des voyelles diverses.
La différence des timbres est surtout sensible
au moment où l'on change les doigts de place,
et où l'on passe d'un son composite à un autre.
Avec ses huit diapasons, M. Helmholtz a obtenu
tous les sons voisins de ce que l'on pourrait
nommer les voyelles graves, *ou, o, eu*. Le premier diapason de la série, chantant seul, donnait un *ou* sourd, beaucoup plus étouffé que la
voix humaine ne saurait le produire; en ap-
puyant sur les touches suivantes, on faisait
monter le son à l'*o*; pour obtenir quelque chose
d'analogue à l'*a*, il fallait rester dans les notes
supérieures du clavier. Dans un second appareil, tout semblable d'ailleurs à celui que nous
venons de décrire, M. Helmholtz ajouta quatre
harmoniques plus aiguës aux précédentes, et il
put s'élever ainsi librement jusqu'à l'*a* et à l'*e*;
l'*i* échappait encore, parce que le timbre particulier de cette voyelle est dû à une harmonique
suraiguë que le courant ne fait plus vibrer

assez fortement. Le problème de la synthèse
des voyelles n'en était pas moins résolu en principe. Le détail ne regarde plus que les constructeurs d'appareils de physique ; mais aucun
des grands établissements scientifiques de notre
pays n'a encore fait construire de piano à
voyelles, et l'on conçoit qu'un physicien ne
puisse souvent faire lui-même de tels appareils,
nécessairement fort coûteux.

Il ne faut point croire au reste que Helmholtz
ait construit ses pianos à diapasons pour le vain
plaisir d'imiter la voix humaine et de faire
sortir des voyelles d'un instrument de bois et de
métal. Ses expériences ont été entreprises surtout pour vérifier si le timbre dépend uniquement du mélange des harmoniques, et si, comme
on l'a cru jusqu'ici, la forme, la géométrie des
vibrations, a quelque influence sur la qualité
du son. J'ai distingué dans une ondulation
sonore la hauteur de l'onde, qui représente
l'intensité, la longueur de l'onde qui représente
la tonalité, la forme enfin de la courbe ondulatoire. J'ai dit que toute vibration peut toujours

être considérée comme le mélange, la superposition de vibrations élémentaires, c'est-à-dire
que tout son peut se décomposer en notes harmoniques simples ; mais diverses vibrations
simples peuvent se combiner d'une infinité de
manières, parce qu'il n'est pas nécessaire de
supposer qu'elles commencent toutes au même
moment ; elles peuvent donc imprimer à la molécule vibrante les mouvements résultants les
plus divers. Le son total sera-t-il pour cela
modifié ? Pas le moins du monde. Voilà ce que
le piano de M. Helmholtz permet de vérifier :
la théorie mathématique démontre en effet
qu'en fermant plus ou moins les résonnateurs,
ou bien en les approchant plus ou moins des
diapasons, on modifie les *phases* des vibrations
sonores, c'est-à-dire que si, dans un mélange
d'ondes on fait varier ces éléments, on déplace
à volonté ces ondes les unes par rapport aux
autres. Ces déplacements ont une influence
directe sur le mouvement résultant de chaque
molécule matérielle : ils n'en ont aucune sur le
timbre du son composé par les ondes surajou-

tées. Loin donc que le timbre d'un son dépende
de la forme de la petite courbe que décrit
chaque molécule vibrante, on peut affirmer au
contraire qu'il y a une infinité de courbes qui
répondent au même timbre ; ce sont toutes
celles qui proviennent des mêmes impulsions
périodiques, quel que soit d'ailleurs l'ordre
dans lequel elles se suivent.

IV

L'OREILLE — L'ORIGINE DU LANGAGE

IV

L'OREILLE. — L'ORIGINE DU LANGAGE

L'analyse qui précède était indispensable pour bien faire comprendre le caractère de l'oreille, car après l'instrument vocal il faut étudier l'instrument auditif. C'est encore à M. Helmholtz qu'on doit d'avoir enfin pénétré le secret de ce petit appareil bizarre, caché aux profondeurs de la tête et d'une anatomie si étrangement compliquée. Ce que nous apercevons de l'oreille au dehors est peu de chose, un simple porte-voix : le secret est au dedans, dans la partie la plus cachée où, de proche en proche et par un véritable dédale, aboutissent les vibrations du dehors. L'oreille ne sent, n'apprécie en aucune façon la forme géométrique des ondes sonores qui viennent mourir contre ses parois; mais elle jouit de cette étonnante propriété de reconnaître dans l'onde totale toutes les ondes particulières qui la composent. Les ondes simples ou répondant à des notes élémentaires sont seules *perçues* à l'extrémité de l'appareil auditif. Là l'oreille décompose naturellement les sons, comme le prisme décompose les couleurs. Cette faculté extraordinaire donne la clef de la sensation auditive. Pour bien comprendre ce phénomène, examinons un moment ce qui se passe dans un clavier ordinaire, si l'on vient à chanter une note avec force au-dessus des cordes, en leur donnant toute liberté de vibrer. L'onde sonore composite qui part de la bouche rencontre toutes les cordes, mais elle ne remue sympathiquement que celles dont les vibrations s'accordent avec une des harmoniques de la voix; chaque corde choisit l'onde composante qui lui convient, et la retient en laissant passer toutes les autres.

Quatre, cinq, six cordes même, entreront en vibration, bien que l'onde issue de la bouche soit géométriquement, matériellement, une onde unique. Chantez *a*, et la caisse du piano répondra sourdement *a*; chantez *o*, l'écho confus dira *o*. Il s'opère donc mécaniquement sur l'échelle des cordes du piano une décomposition de tout son complexe en ses notes élémentaires; une seule onde fait vibrer plusieurs cordes.

Les choses se passent absolument de la même manière dans l'oreille; l'appareil où l'onde sonore vient, après divers voyages, se heurter au système nerveux, est un véritable clavier. Les anatomistes n'ont pendant longtemps été occupés que des parties de l'oreille qui sont les chemins du son, et qui servent à transmettre l'onde sonore au liquide où baignent les terminaisons du nerf auditif. Du pavillon de l'oreille externe, l'onde arrive au tympan, en traverse la caisse, et se transporte par des intermédiaires étrangement compliqués jusqu'au *labyrinthe ;* là se trouve enfermé le *limaçon* où

elle rencontre enfin le clavier nerveux. La
petite caverne osseuse du labyrinthe est baignée
par un liquide où flotte enroulée en spirale une
membrane d'une extrême délicatesse. Le mi-
croscope y a découvert récemment environ
trois mille petites fibres qui sont les terminaisons des filaments du nerf acoustique. L'onde
qui de fenêtre en fenêtre a passé jusqu'au labyrinthe vient frapper enfin le clavier spiral du
limaçon. Les fibres dites *de Corti* (du nom du
physiologiste italien qui le premier les a observées) sont comme les cordes du petit piano :
celles qui dans l'onde totale pourront saisir
la vibration élémentaire qui leur convient se
mettront sympathiquement en branle, le son
sera décomposé, dissocié comme sur un piano
ordinaire ; seulement les vibrations élémentaires
du clavier nerveux, pénétrant toutes ensemble
dans le nerf acoustique, apportent à la sensibilité des impressions simultanées qui se marient
dans une sensation unique, à moins que la
volonté mise en éveil ne fasse un grand effort
pour tenir les impressions bien distinctes.

Le clavier nerveux est bien autrement riche, autrement sensible que les claviers ordinaires; ceux-ci aujourd'hui ont quatre-vingt-quatre notes, l'oreille en a trois mille environ. Entre les limites où les sons demeurent perceptibles, elle peut apprécier les plus subtiles, les plus exquises nuances; elle possède trente-trois touches en moyenne par intervalle d'un demi-ton. Cette délicatesse lui permet d'apprécier le timbre des sons avec une facilité merveilleuse. Elle peut analyser dans le flot mélodieux que lui apporte un orchestre des centaines de notes, chargées non-seulement de leurs harmoniques, mais encore de ces notes accessoires que fait naître la juxtaposition de sons divers. Les accords succèdent aux accords, les modulations s'enchevêtrent; un air fugué reparaît à des hauteurs toujours nouvelles; les crépitations des croches et des doubles-croches enveloppent comme d'une poussière sonore le lent mouvement des masses harmonieuses; la flûte jette un soupir timide au milieu des cris déchirants du cuivre; mille voix humbles, lugubres, rustiques, sourdes, plaintives, moqueuses, accompagnent un chant qui tantôt s'enfle et tantôt s'évanouit; mais rien n'est perdu pour l'oreille. L'œil n'aperçoit pas plus clairement les couleurs et les contours d'un tableau.

L'oreille est si habituée à recueillir des sons et des bruits, qu'un silence absolu lui cause je ne sais quelle peine étrange. On éprouve ce mal sans nom sur les très-hautes montagnes, quand par hasard il n'y règne aucun vent et qu'on a dépassé la dernière zone de la végétation. Plus aucun de ces mille petits bruits qui troublent encore la solitude des forêts : une branche qui craque, un insecte qui vole, une feuille qui tombe ou qui remue, l'eau qui partout s'écoule, suinte, descend les petits barrages des mousses, des pierres, des racines. Tout est immobile, glacé, muet. L'oreille est si peu habituée à l'inertie absolue, qu'à défaut de bruits objectifs, elle se crée des bruits subjectifs. L'ouïe est de tous les sens celui qui le plus souvent a des hallucinations. La solitude a ses voix comme elle a ses visions.

L'admirable délicatesse de l'organe auditif se révèle à la facilité avec laquelle, sans les voir, nous pouvons, au son de leur voix, reconnaître les personnes. L'oreille fait des distinctions que ne peuvent enseigner les grammaires : celles-ci froidement dissèquent les sons, ne comptent qu'un tout petit nombre de voyelles; mais en chacun de ces sons génériques elle discerne une foule de nuances, d'espèces. A des intonations particulières, nous devinons le sexe et l'âge et la nationalité. Cette sensibilité peut atteindre une intensité presque maladive. Telle page que vous lirez les yeux secs, sans aucune émotion, arrachera des larmes à une personne nerveuse, dans la bouche d'un bon acteur. L'émotion de la voix humaine a sur la plupart de nous une contagion irrésistible; l'éloquence, qui sera toujours le plus sûr moyen d'entraîner les hommes, renferme, il faut l'avouer, une part tout à fait physique, matérielle, un je ne sais quoi qui touche notre fibre la plus humaine et l'ébranle avec une irrésistible puissance.

Notre espèce est assurément privilégiée puis-

qu'elle jouit, en même temps que d'un instrument musical admirable, d'une étonnante
richesse de perception ; que nous soyons actifs
ou passifs, notre organisation musicale est également remarquable. Il faut avouer cependant
que l'instrument passif est encore plus riche
que l'instrument actif. Une bonne voix moyenne
est enfermée entre deux octaves ou deux octaves et demie, et le chanteur le plus exercé peut
à peine gagner une octave de plus. Chaque
larynx a ses servitudes : la basse-taille, le ténor,
le baryton, l'alto, le soprano, ne peuvent échan-
ger leurs rôles. La gamme de l'oreille est infiniment plus étendue que celle de la voix :
preuve que l'homme n'est pas seulement fait
pour s'écouter lui-même.

Après avoir porté une si vive lumière sur les
phénomènes de la sensation auditive et du développement de la voix humaine, M. Helmholtz
ne paraît point avoir été tenté de chercher
quelque lien entre les découvertes de l'acoustique et la question tant débattue de l'origine du
angage. Cette réserve se justifie si l'on réflé-

chit que dans le langage humain l'élément le plus important ne relève point de la simple acoustique. Qu'on songe à l'immense nombre d'animaux qui, doués d'une sensibilité auditive extrême, possèdent en outre un larynx, des cordes vocales, tous les moyens de produire des bruits et des sons. L'homme seul parle; mais parler, qu'est-ce autre chose que traduire et développer des idées? La question de l'origine du langage ne saurait donc se séparer de celle de l'origine des idées. Cette proposition semble irréfutable, soit qu'on regarde la langue primitive de l'homme comme une continuelle onomatopée, comme une imitation naïve des bruits naturels bornée par les servitudes propres du larynx humain et compliquée par des associations d'idées toujours changeantes; soit qu'on s'attache à la théorie qui domine aujourd'hui tous les travaux de la philologie allemande et d'après laquelle le langage a été au début un pur instinct de l'âme humaine. D'après l'école germanique, les premières racines qui aujourd'hui encore sont le squelette caché de toutes

les langues, ont été créées spontanément, sans
effort, sans hésitation ; si cet instinct créateur
est aujourd'hui atrophié, c'est parce que tous
les instincts s'effacent quand ils n'ont plus d'objet. L'homme primitif était irrésistiblement
poussé à exprimer chaque conception de son
esprit par un son, et à moduler ce son suivant
les variations de sa pensée.

Cette théorie, qui trouve dans la philologie
ses arguments principaux, a pourtant quelque
chose qui déroute et trouble l'esprit philosophique ; en dépit de tous les raisonnements, on a
peine à bien comprendre cette improvisation
spontanée de l'homme, placé en face de la nature ; ces langues, ces grammaires faites de
toutes pièces, ces mots sortant de la voix humaine, comme les fruits sortent d'un germe.

Pour bien comprendre le phénomène de la
création des langues, il n'est peut-être pas inu-
tile de remarquer que la distinction faite aujourd'hui entre les voyelles a quelque chose
d'assez artificiel. En réalité, Helmholtz l'a bien
fait voir, il y a des nuances infinies dans le

timbre des voyelles, et, pour en représenter
quelques-unes, notre classification a été con-
trainte à inventer des diphthongues. Il peut
sembler assez probable que le langage primitif
de l'homme, comme l'est encore celui de tout
enfant, était un gazouillement, un chant, une
modulation, dont le timbre variait par d'insen-
sibles gradations. Une telle langue ne pouvait
avoir rien de précis ni d'arrêté; elle avait, si
l'on me permet le mot, une fluidité que ne peuvent posséder des langues écrites, c'est-à-dire
fixées par des symboles. Enfermée dans les
choses concrètes, elle était par là même con-
damnée à en refléter les variations et échappait
constamment à la rigidité, à l'immutabilité des
abstractions. Le caractère musical des premières modulations qui sortent du gosier humain est graduellement altéré par les consonnes; chacun peut le remarquer chez l'enfant:
les premiers sons qu'il émet ne s'accompagnent
point de ces bruits particuliers que nous nommons les consonnes. Tout le monde sait que les
consonnes ne peuvent être chantées, en ce sens

qu'on ne peut tenir une note sur l'une d'elles :
ce sont des bruits caractéristiques qui accompagnent l'émission du son. Tantôt la consonne
n'est qu'un bruit initial, explosif en quelque
sorte, une sorte de choc qui masque le passage
entre deux vibrations sonores (c'est le cas de
b, p, d, t, g, k); tantôt elles peuvent avoir une
longue durée (f, v, s, z, j, l, r), ce sont alors
des bruits analogues à ceux qu'on entend sur
tous les instruments en même temps que la
vibration sonore, comme le grincement de l'archet, le sifflement de l'air sur un biseau. Il y
a deux consonnes, m et n, qui sont en quelque
sorte intermédiaires entre les voyelles et les
consonnes; elles ont une plus grande sonorité
que les dernières, sans avoir le caractère musical des premières. Les mots qui à de grandes
distances se distinguent les derniers sont ceux
qui contiennent des m et des n; ce sont aussi
ceux que l'enfant apprend le plus aisément à
bégayer.

Tout ce que l'acoustique peut donc apprendre sur la formation et le développement des

langues, c'est qu'elles ont dû avoir au début un
caractère tout musical, et une richesse presque
infinie d'inflexions : le développement graduel
des consonnes a morcelé de plus en plus les
émissions, ôté au langage de la souplesse pour
lui rendre de la rigidité ; enfin, quand des signes
et des symboles abstraits ont servi à représenter
des mots, la liberté primitive des modulations humaines a subi une nouvelle servitude. La langue s'est trouvée emprisonnée dans des moules
d'où elle n'est plus sortie, et elle a dû regagner
par les artifices grammaticaux ce qu'elle perdait comme instrument sonore de la passion
humaine. Le gazouillement est devenu le langage, l'enfant est devenu l'homme.

En résumé, M. Helmholtz, en démontrant
d'une manière expérimentale et à l'aide d'instruments nouveaux le caractère composite du
son, a opéré dans l'acoustique toute une révo-
lution. Sa fine analyse fournit les moyens de
retrouver tous les éléments qui constituent des
notes quelconques, et qui communiquent à des
instruments divers cette qualité particulière que

dès longtemps on a qualifiée du nom de timbre. Elle permet de classer au point de vue de la richesse harmonique tous les instruments de musique, elle donne le secret de leurs vertus comme de leurs défauts, et explique le charme de la voix humaine en même temps que les délicates métamorphoses qui nous permettent de créer à volonté ces timbres distincts que l'on nomme les voyelles.

Non content d'expliquer comment naît le son, comment, suivant les circonstances, il se charge d'harmoniques plus ou moins nombreuses, M. Helmholtz a fait voir aussi de quelle façon s'opère la sensation musicale. L'oreille est un véritable prisme acoustique ; elle décompose toute note en ses vibrations élémentaires ; chaque fibrille nerveuse retient dans un concert quelconque un seul mouvement : les sensations sont toujours localisées, et la synthèse de l'impression ne se refait que dans le nerf acoustique, dont les fibres du limaçon sont les derniers rameaux dressés continuellement vers le monde externe. Reste à montrer que la loi de décomposition du son en notes multiples, que M. Helmholtz a si bien établie, renferme aussi le secret de l'harmonie. Les accords en effet naissent spontanément dans un son fondamental, qui s'accompagne de ses échos naturels. Aussi, après avoir fait l'analyse du son, M. Helmholtz a-t-il complété son œuvre en recherchant dans cette analyse même les lois de la combinaison des notes. Il a réussi ainsi à jeter une lumière nouvelle sur la création des gammes et sur les développements de la musique, monophone et déclamatoire chez les Grecs, chorale et encore purement mélodique au moyen âge, de nos jours enfin devenue tout harmonique.

V

DES CARACTÈRES DE L'ART MUSICAL

V

DES CARACTÈRES DE L'ART MUSICAL

Ainsi que la sculpture et la peinture, la musique prend ses matériaux dans le monde externe; comme ces deux arts combinent des formes et des couleurs, elle combine des sons. On l'a quelquefois accusée d'être moins idéale et plus matérialiste, en faisant valoir qu'elle agit sur la sensitivité nerveuse plutôt que sur l'esprit, qu'elle ne peut faire un appel direct à la conscience humaine et qu'elle parle à nos passions, à nos sentiments une langue dont l'exquise souplesse échappe à toute rigidité, à toute précision, à toute moralité. D'autre part, on

pourrait dire que par certains côtés la musique
se soustrait mieux que les autres arts à la tyrannie du monde physique, car la sculpture et
la peinture sont asservies à représenter des réa-
lités ; leur œuvre est fixe, sans mouvement,
figée en formes invariables ; la musique em-
prunte bien des sons au monde matériel, mais
elle en dispose à son gré. Elle les combine, les
mêle et les marie librement ; son œuvre est une
création perpétuelle. Elle laisse aux autres arts
la forme, ou ce qu'en langage philosophique,
on nommerait l'espace : elle a le temps, elle
s'en nourrit et le mesure pour l'âme humaine,
non plus comme le sable monotone de la clep-
sydre ou le battement régulier du pendule,
mais en lui donnant une voix, un souffle, un
rhythme, en nous faisant sentir sa pression
continuelle plus ou moins forte, plus ou moins
douce, toujours active et pour ainsi dire
vivante.

C'est afin que l'âme humaine puisse mieux
goûter ce plaisir singulier, que la musique sépare ses matériaux et se plaît aux sons discon-

tinus. Elle nous endormirait, nous jetterait dans
une langueur rêveuse et stupide, si elle mon-
tait et descendait toujours par gradations in-
sensibles l'échelle des vibrations sonores. Elle
ne soupire pas vaguement comme le vent, elle
se pose librement de note en note. Elle ne
rampe pas, elle s'élance : c'est la danse du son.

Les notes ne sont que des matériaux bruts ;
ils sont pour la musique ce qu'est la pierre
pour l'architecte, ce que sont les couleurs pour
le peintre. L'art qui les groupe et en règle la
succession est l'œuvre propre et la création de
l'homme. Puisque l'esthétique cherche des
moyens d'expression et des satisfactions dans
les lignes et les couleurs, elle en peut bien
chercher sans déroger dans le mouvement des
impressions auditives. Ne trouve-t-elle pas un
mode d'expression, matérielle par son instrument, tout idéale par sa nature, dans les déplacements, les lenteurs, les accélérations, les combinaisons infinies des sons? C'est par le bruit
qu'elle parle à la sensibilité, par le mouvement
qu'elle parle à l'esprit. C'est pour cela que la

musique a une action subjective en même temps
si fugace et si puissante. Le tableau, la statue,
demeurent toujours les mêmes en leur beauté
immuable; notre intelligence, courant dans
tous les détails, caressant toutes les formes, et
semant les souvenirs, les associations d'idées,
les commentaires fuyants de la pensée sur cette
trame solide et invariable, peut seule y intro-
duire le mouvement. Mais l'œuvre musicale est
le mouvement même; elle flue, elle tient l'âme
suspendue comme un flotteur léger sur des
eaux toujours courantes. Toute variation fait
deviner une force, une sorte de vie cachée;
c'est pour cela que la musique tient notre sensibilité dans une angoisse si pénétrante et sous
un charme si profond; elle nous force à faire
des rapprochements occultes et instinctifs entre
les agents externes et ce moteur mystérieux que
nous portons au dedans de nous-mêmes. Tan ·
dis que les sons flattent l'oreille, la dynamique
qui en règle le rhythme, les modulations et les
harmonies, obsède l'esprit : il faut trouver un
sens à ces agitations, à ces fluctuations; il faut

chercher le lien mystique qui maintient l'ordre
parmi les notes qui se poursuivent, s'enchevêtrent, se défient, se rapprochent. De là vient le
privilége particulier de la musique : elle permet
à l'âme de superposer, en quelque sorte, ses
émotions personnelles à la flottante harmonie.
On croit faire la critique de cet art en montrant
que ses œuvres peuvent être interprétées de
façons toutes diverses par des auditeurs différents : mais n'est-ce pas justifier du même
coup son empire et en donner le secret? Dans
ce miroir mobile, chacun reconnaît sa propre
image : la personnalité trouve toujours quelque
satisfaction dans des jouissances qui pourtant
l'arrachent à ce qu'elle a de plus terrestre et de
plus grossier. Dans les œuvres d'art fixées par
le pinceau, par le ciseau et faites pour braver
le temps, l'artiste écrase le spectateur de son
génie, de sa volonté souveraine ; dans les œuvres musicales il s'opère, entre l'artiste et
l'auditeur, un fraternel mélange d'émotions ;
ils se cherchent, se devinent, se répondent,
s'épousent.

Non que la musique soit en soi dénuée de
toute précision, chose de hasard et de caprice ;
mais elle ne peut aller droit à l'âme, elle n'y
peut atteindre qu'en traversant les appareils
mobiles de la sensibilité physique. Les sons
déterminent des états cérébraux définis, qui
n'ont rien d'arbitraire ; mais le rapport entre
ces états physiques et l'être intérieur, pensant
et passionné, varie non-seulement d'un individu à l'autre, mais d'une heure à une autre
chez le même individu. Les états physiologiques
où nous jette l'harmonie sont comme des fonds
sur lesquels l'imagination a loisir de promener
ses fantômes. Tel air aujourd'hui me semble
porté sur les pointes de la gaieté la plus folle,
qui demain me paraîtra le ricanement cruel
dont l'ironie insulte la douleur. En écrivant le
célèbre *adagio* de la symphonie en *la*, Beethoven n'avait dans l'esprit que la joie paisible,
innocente, naïve d'une fête de village : joué
comme on fait d'ordinaire avec une lenteur qui
n'était pas dans les intentions du maître, ce
morceau s'empreint d'une étrange majesté, sa

simplicité devient sublimité, sa candeur prend un accent solennel et mystique. Ce que l'on connaît sous le nom de la *Dernière pensée de Weber* a été écrit comme valse par Reissiger.

Le mouvement et la discontinuité des sons donnent un accent, une âme à la musique; elle se trouve tirée ainsi du chaos plaintif des sons qui n'ont ni limites précises, ni modulations réglées; l'art n'imite que rarement les grands bruits naturels, les gémissements, les froissements incertains des vents, les roulements des eaux, les murmures confus des foules. Il crée un monde sonore où règne l'ordre, où tout est pur, net, précis; en même temps qu'il trouve des moyens d'expression d'une puissance nouvelle dans les harmonies et les contrastes qui ressortent de cet ordre même, il s'assujettit à des servitudes volontaires et subit la tyrannie de la *mesure*, qui subdivise en parties toujours égales ce qu'on pourrait nommer l'espace musical; il subit le *rhythme* qui imprime une allure particulière à toute pensée musicale déterminée; enfin il accepte la servitude de la *gamme*, c'est-à-dire que dans le nombre infini des notes qui joignent deux sons, il en choisit quelques-unes de préférence aux autres, et marque ainsi les points privilégiés où le son doit se fixer, les pas qu'il lui est loisible de faire soit en avant, soit en arrière.

D'une note à son octave, il y a un nombre indéterminé de notes, et par conséquent d'intervalles musicaux (1) ; sur cette distance, il faut se résigner à fixer quelques jalons ; la série de ces points de repère est ce qu'on nomme la gamme ou l'échelle musicale : expression très-juste, puisque les notes sont comme des échelons que gravit la mélodie.

Mais comment choisir, comment déterminer les intervalles qui diviseront l'espace musical ? Dans un nombre infini de combinaisons, à laquelle faudra-t-il s'arrêter ? Dans cette poussière de sons, comment composer une constellation fixe ? Les harmoniques peuvent servir à résoudre ce problème. Puisque le son, comme

---

(1) On appelle *intervalle* en musique la distance de deux notes exprimée par le rapport de leurs vibrations par seconde.

il a été montré plus haut, est de sa nature
complexe et enferme tout un cortége de notes
parasites qui s'attachent à la note fondamentale, il est assez naturel que ces acteurs de
second plan qui forment le cortége de l'acteur
principal obtiennent des priviléges particuliers.
Le son fondamental, que nous nommerons la
tonique, renferme implicitement d'autres notes ;
on devine à priori que ces dernières ou celles
qui en peuvent sortir par des métamorphoses
faciles doivent former son complément le plus
naturel et se prêter mieux que d'autres à en
composer la gamme.

Marier deux sons, c'est en réalité mettre aux
prises deux chœurs, puisque le son ordinaire
est un assemblage complexe de notes. Cette
proposition, qui bientôt sera banale, quand les
découvertes de Helmholtz seront partout ré-
pandues, fait deviner combien offre de difficultés la création de la gamme qui, en fixant
les notes qui doivent servir à l'artiste, détermine du même coup tous les intervalles que
l'harmonie peut choisir.

VI

FORMATION DES GAMMES

V

FORMATION DES GAMMES

Faire entendre deux notes en même temps, c'est évoquer du même coup toutes leurs harmoniques, toutes celles, du moins, qui peuvent naître sur l'instrument dont on se sert (1).

(1) Ce n'est pas tout : les harmoniques ne sont pas les seules notes qui se superposent à celles que le musicien a en vue. Dès 1740, un organiste allemand, Sorge, découvrit que, si deux notes vibrent ensemble, il en naît spontanément une troisième, dite *note de combinaison,* plus grave et plus faible. Il faut tenir les deux notes avec force et longuement pour entendre comme en sourdine la note de combinaison dite *différentielle,* parce que le nombre de ses vibrations est égal à la différence des nombres de vibrations des deux notes jouées sur l'instrument. Sorge n'a connu que cette dernière, aussi bien que le violoniste Tartini.

Quelle foule de notes jaillit de l'accord de deux sons, très-riches en parasites! De toutes parts elles s'élancent et sortent les unes des autres. Dans quel cas ce concert est-il agréable à l'oreille? Dans quel cas en blesse-t-il la délicate sensibilité? Voilà ce qu'il faut avant tout établir avec précision.

Pour faire cette analyse, l'acoustique dispose d'un moyen assez simple. Quand deux notes très-voisines, sans être à l'unisson, vibrent ensemble, on entend comme un petit murmure ou roulement régulier, provenant des alternatives périodiques de force et de faiblesse du son.

Ces alternances nommées *battements* fournissent le moyen de mesurer en quelque sorte la pureté d'un intervalle. Sur le clavier vivant de l'oreille, chaque fibre est habituée à ne subir qu'une vibration à la fois, et j'ai fait voir que le son le plus complexe porte ses vibrations

Helmholtz, à l'aide de ses résonnateurs délicats, a découvert une note de combinaison *additionnelle* plus aiguë, puisque le nombre de ses vibrations est la somme des nombres des vibrations des deux notes premières.

simples à autant de cordes différentes. Il n'en
est pas moins vrai qu'une fibre auditive ne peut
être ébranlée fortement sans que ses voisines
les plus rapprochées en soient un peu émues :
deux notes fort rapprochées peuvent donc em-
brasser la même fibre dans leur zone d'ébranlement. Alors le même filet nerveux sera soumis
au même instant à deux vibrations qui ne seront pas en complète harmonie. Les deux mouvements, en se superposant, condamneront le
nerf à une sensation qui, au lieu d'être continue, aura des intermittences périodiques, des
alternatives de violence et de faiblesse ; ces
alternances se produisent chaque fois qu'un
son double a des battements, c'est-à-dire des
enflements et des affaiblissements successifs.
Mais, on le sait, toute intermittence irrite, fatigue les nerfs ; c'est pour cette raison que
l'œil est gêné par le passage subit de l'obscu-
rité à la pleine lumière, ou du soleil à la nuit.
Une lumière vacillante met le nerf optique à
la torture (1).

(1) Le nombre des *battements* ou intermittences du son double

Puisque le secret du déplaisir, du *laid* musical gît dans les battements, l'art du musicien doit consister à les éviter (il doit surtout redouter les combinaisons de sons qui font naître de trente à quarante battements par seconde). Ce qu'on nomme la *dissonance* résulte simplement de ce phénomène. Les dissonances blessent l'oreille, elles font sortir les cordes du clavier auditif de leur rôle; en ce qu'elles ne leur permettent plus d'analyser nettement les sons et de ne *sentir* qu'une note à la fois. Les *consonnances*, au contraire, ne donnent à l'oreille que des impressions simples et conti-

a une influence directe sur l'agacement du système nerveux : le déplaisir est au plus haut point, suivant M. Helmholtz, quand il s'en produit dans une seconde de trente à quarante. Le petit vacarme devient alors aussi rauque, aussi grinçant que possible. L'oreille souffre moins quand les battements sont très-lents, comme il arrive quand on écoute deux tuyaux d'orgue qui sont presque à l'unisson. C'est ainsi que les vacillations d'une lampe ne fatiguent plus quand elles sont assez lentes pour être suivies docilement par l'œil. D'une autre part, quand les battements sont assez précipités pour que l'on ne puisse plus les distinguer, les nerfs n'y sont pas très-sensibles. L'oreille ne peut guère distinguer plus de 130 battements par seconde; au delà de cette limite, les impressions intermittentes se confondent, se débordent. C'est ainsi qu'un charbon, tourné rapidement, semble un cercle de feu.

nues. C'est dans la définition des consonnances et des dissonances qu'apparaît toute l'importance de la découverte des harmoniques. Car si deux sons se font entendre en même temps, les battements peuvent naître du conflit de deux quelconques des notes que ces sons renferment : une harmonique pourra se mettre en conflit avec une note fondamentale ou avec une note de combinaison ; ou deux harmoniques pourront se contrarier. Il est donc impossible de préjuger le degré d'agrément d'une consonnance, si l'on ne tient compte de tous les satellites qui se meuvent dans l'orbite de chaque son (1).

(1) Les deux premières harmoniques dont s'accompagne une note tonique sont : 1° l'*octave* (qui a 2 vibrations pour 1 vibration de la tonique) ; 2° la *douzième*, ou quinte de l'octave (qui vibre 3 fois pendant chaque vibration de la tonique).

Les harmoniques suivantes sont la double octave (4 vibrations), la tierce de la double octave (5 vibrations), la quinte de la double octave (6 vibrations), la note dissonante qui répond à 7 vibrations, la triple octave (8 vibrations), etc.

L'octave est donc la consonnance la plus parfaite, car, avec ses harmoniques propres, elle ne fait qu'enfler, que renforcer les harmoniques de la tonique ; elle n'apporte aucun élément nouveau, n'amène aucun trouble, aucune dissonance.

La *douzième*, ou quinte de l'octave, est de même une consonnance parfaite : pour la *quinte* de la tonique (pendant

6.

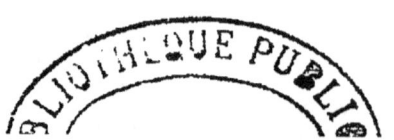

En faisant cette analyse, on arrive à ranger les consonnances dans l'ordre hiérarchique de pureté qui suit : octave, quinte, sixte, quarte, tierce majeure, tierce mineure.

La limite des dissonances et des consonnances, on le comprend par ce qui vient d'être dit, n'est pas d'une précision absolue. Les oreilles très-fines découvrent les battements

que la douzième ou troisième harmonique fait 3 vibrations, la quinte en fait moitié moins, ou $\frac{3}{2}$), elle a droit aussi au nom de consonnance parfaite, bien qu'elle ajoute quelques notes nouvelles au timbre de la tonique. Ce n'est que dans les instruments très-riches en harmoniques qu'on trouve un peu plus de douceur à l'intervalle de l'octave qu'à celui de la quinte.

La tonique et ses harmoniques peuvent être représentées par 1, 2, 3, 4, 5, 6, 7, 8, etc.; la quinte est $\frac{3}{2}$, et ses harmoniques sont 2 fois $\frac{3}{2}$ ou 3, 3 fois $\frac{3}{2}$ ou 9, 4 fois $\frac{3}{2}$ ou 6, etc.

Dans l'ordre hiérarchique des consonnances se présentent ensuite la *sixte* (qui fait 5 vibrations pour 3 vibrations de la tonique, ou $\frac{5}{3}$ vibrations pour 1 vibration de la tonique) et la *quarte* (qui fait $\frac{4}{3}$ vibrations pour 1 de la tonique). Puis viennent la *tierce majeure* (caractérisée par le rapport vibratoire $\frac{5}{4}$), la *tierce mineure* (rapport $\frac{6}{5}$), la *sixte diminuée* (rapport $\frac{8}{5}$).

Helmholtz nomme *absolues* les consonnances d'octave, de douzième, de double octave; *parfaites*, celles de quinte et quarte; *moyennes*, celles de sixte et tierce majeure; *imparfaites*, celles de tierce mineure et de sixte diminuée. Au-dessous de cette série se placent en désordre les *dissonances*, qui doivent leur caractère particulier à des battements plus ou moins nombreux.

dans les consonnances moyennes ou imparfaites. Les Grecs, dont le goût était fort exi-
geant, considéraient la tierce comme une dissonance : les tierces et les sixtes n'ont obtenu
droit de cité dans l'harmonie qu'au XIIIe et au
XIVe siècle de notre ère. La quarte a été le
sujet de nombreuses querelles à une époque
beaucoup plus récente. Ce qu'on pourrait
nommer le sens de la dissonance se développe
tout autrement, quand l'oreille est habituée
à des sons très-riches en harmoniques, ou
quand elle n'entend que des sons appauvris.
Des intervalles, horriblement dissonants sur les
instruments à cordes ou dans le chant, ne
blessent point sur l'orgue, la flûte, le piano.

Les rapports vibratoires des consonnances
se marquent par les nombres entiers les plus
simples, 2, 3, 4, 5, 6. Pythagore avait déjà
découvert les plus simples de ces rapports, ceux
de l'octave et de la quinte. Ils étaient devenus
le point de départ de toutes sortes de spéculations métaphysiques. « Tout est nombre et
harmonie » était un des dictons de l'école. Les

distances de la gamme étaient comparées aux distances planétaires. L'oreille du maître avait entendu, disait-on, l'harmonie des sphères célestes. Ces spéculations ont laissé une trace dans presque toutes les métaphysiques. Euler croyait que les consonnances plaisent à l'oreille, parce que les rapports simples de leurs vibrations éveillent dans l'esprit l'idée d'ordre, que les dissonances déplaisent en évoquant l'idée de désordre, d'anarchie numérique. Mais, si l'on a bien compris ce qui précède, on aura vu que la pureté des consonnances ne tient qu'à la répétition des mêmes harmoniques; le caractère particulier de leurs rapports vibratoires est donc, on peut dire, un caractère d'emprunt ; il n'est autre que celui de la série même des harmoniques, et les rapports numériques de ces dernières sont fondés sur un phénomène des plus simples, qui s'explique naturellement et ne s'enveloppe d'aucun voile métaphysique.

VII

DE LA MUSIQUE MÉLODIQUE

VII

DE LA MUSIQUE MÉLODIQUE

Il y a des styles en musique comme il y en a
en architecture : certaines formes, certaines
lignes déterminent le caractère d'un monu-
ment; en musique, le style est déterminé par
la gamme. Mais la gamme, qu'est-elle autre
chose que la forme et le moule des sons? Re-
présentez par une ligne droite la distance qui
sépare une note de son octave; sur cette droite
fixez un certain nombre de notes intermédiaires, chaque combinaison particulière de
points sonores représentera une gamme. Com-
parons un moment la tonique à un soleil et les

notes de la gamme à des satellites. Chaque
fois que ceux-ci changeraient de place et
s'espaceraient autrement, ils figureraient une
échelle nouvelle de sons.

La gamme n'est point chose tout à fait ri-
gide, absolue; elle renferme certains éléments
constants, mais elle possède en même temps
quelque élasticité : les peuples, les âges divers
n'ont pas rempli de même manière l'espace
musical.

La théorie mathématique trouve aujourd'hui
des fondements rationnels à toutes les gammes,
dont le dessin a été tracé par l'instinct primitif
des races humaines; mais parmi plusieurs
combinaisons rationnelles, les races diverses
ont fait des choix différents. Le seul guide du
génie musical a été au début un instinct
esthétique plus ou moins affiné, plus ou moins
subtil. Il n'en est pas moins extrêmement intéressant de faire l'analyse des divers styles musicaux, de les justifier en quelque sorte et d'en
expliquer le développement.

L'oreille humaine, étant un instrument dressé

pour la perception des harmoniques, a imposé
à toutes les gammes, en tout temps et en tout
pays, les consonnances les plus pures : partout
on trouve l'octave, la quinte, la quarte. L'octave ne fait entendre à l'oreille que ce qu'elle a
déjà plus faiblement entendu dans la tonique :
la quinte amène des notes nouvelles, mais sa
parenté avec la tonique est encore très-profonde;
l'octave renforce une mélodie, la quinte en est
l'accompagnement le plus naïf, le plus facile,
le plus spontané (1).

Mais ces notes nécessaires, universelles, l'octave, la quinte, ajoutons-y la quarte, ne suffisent
pas. Comment remplir leurs intervalles ? Ici
apparaît le côté variable, personnel, esthétique
de la musique, le style. Tous les peuples n'ont
pas trouvé du premier coup la tierce pure, la
sixte pure (je veux dire définie par les rap-
ports vibratoires $\frac{5}{4}$, $\frac{5}{3}$). Certaines nations sont
accoutumées à de larges intervalles musicaux ;

---

(1) Quand on essaye un accompagnement, on se met naturellement à la quinte. Dans la fugue, le thème saute de quinte en
quinte; le thème de la sonate est toujours transporté à la quinte.

leur musique, réduite à très-peu de notes, a une
allure agile, franche, naïve. Les vieilles gammes
gaéliques n'avaient que cinq notes. Les Grecs,
au contraire, goûtaient des subdivisions musicales beaucoup plus étroites que les nôtres ;
mais la musique traînante des quarts de ton
n'a plus pour nous aucun charme. Il y a des
intervalles que l'oreille impose à toutes les
gammes ; mais le remplissage de ces intervalles
nécessaires est fait des façons les plus diverses,
suivant les besoins de la musique, ses instruments et ses modes d'expression.

On aurait tort de mesurer l'importance de
l'art musical à la variété des gammes ou à
leur richesse diatonique ; la musique, on peut
le dire, n'a atteint son apogée que depuis
deux siècles, et c'est précisément depuis ce
temps qu'elle s'est bornée à deux gammes :
la gamme dite majeure et la gamme dite mineure. C'est qu'il y a deux choses dans l'art :
la mélodie, qui fait succéder les sons les uns aux
autres ; l'harmonie, qui les combine et qui tire
de leur association les effets les plus puissants,

Quand la musique est homophone, c'est-à-dire ne fait entendre qu'une voix unique, elle est toute mélodique; elle devient harmonique, quand elle est polyphone, c'est-à-dire quand elle mêle les sons, quand elle tire de leur rapprochement, de leur conflit, ses moyens d'expression. La mélodie et l'harmonie se complètent, se soutiennent mutuellement dans la grande musique ; mais, considérées en elles-mêmes, elles ont des exigences, des caractères, des servitudes propres; chacune se crée spontanément des moyens d'expression. La musique monophone, humble, solitaire, réduite à de si faibles ressources, doit chercher à racheter par quelque endroit tout ce qui lui manque en variété; la musique harmonique, qui commande à l'orchestre bruyant et aux chœurs, ne peut faire régner l'ordre dans la foule remuante des sons qu'en s'imposant à elle-même les lois les plus impérieuses, qu'en faisant un effort constant pour soutenir son œuvre et pour ramener à quelque centre constant les énergies sonores déchaînées.

L'humanité n'a connu pendant des siècles et
des âges, elle ne connaît encore aujourd'hui,
hors de l'Europe, que la musique purement
mélodique. C'est chez les Grecs que nous l'étu-
dierons d'abord, car c'est parmi ce peuple choisi
qu'elle a atteint sans doute toute la perfection
dont elle est susceptible. Nous l'y voyons naître,
non comme un art indépendant, mais comme
une sœur cadette de la poésie, un modeste
auxiliaire de la déclamation. Cette servitude à
laquelle elle n'a jamais pu entièrement se soustraire en détermine le caractère et en règle les
développements. Le drame antique offrait un
spectacle que nous avons aujourd'hui quelque
peine à imaginer : au point de vue scénique,
tout y était artificiel, presque monstrueux :
témoin ces masques étranges à travers lesquels
l'acteur enflait sa voix. Le personnage se com-
posait une voix et exagérait par la déclamation
les intonations habituelles du langage. Notre
goût moderne réprouve en ce genre tout ce qui
sort du naturel, et toutefois plus un orateur se
hisse vers l'éloquence, plus aisément on peut

arriver à noter ses articulations ; à la fin des
phrases sa voix tombe d'une quarte, elle monte
du même intervalle à la fin d'une interrogation,
elle s'enfle sur tout accent. Talma et Mlle Ra-
chel ont aboli sur la scène française la déclamation notée de l'ancien théâtre ; mais il faut
croire que l'oreille populaire a un goût instinctif
pour cette musique parlée, car on la retrouve
toujours sur les théâtres qui ont ses préférences :
le mélodrame des scènes secondaires de Paris
ne va pas sans ce que je pourrais appeler la
« voix du boulevard ». Dans le drame grec, la
déclamation n'était point facultative et person-
nelle, elle était réglée, et les instruments musicaux n'avaient d'autre mission que de la
soutenir. Le poëme était tout ; le chant, la lyre
ou la flûte ramenaient seulement la voix émue
vers certaines notes familières. On chantait des
odes, des hymnes ; la lyre accompagnait les
tragédies et les poëmes épiques. Le caractère
littéraire de la musique antique explique la
pauvreté des gammes primitives. Je ne parle
pas du *monocorde* en forme d'arc qu'Apollon

aurait, dit-on, donné à Diane la chasseresse.
La première lyre digne de ce nom avait quatre
cordes seulement, elle n'imposait à la voix aucun
effort, et la tenait aussi loin des notes aiguës
que des notes basses. Terpandre ajouta trois
cordes à la lyre : c'étaient, si l'on me permet de
suivre une comparaison faite plus haut, trois
nouvelles planètes qui venaient prendre place
dans le système formé par les quatre précédentes. A cette gamme il ne manquait plus que la
septième pour être identique avec notre gamme
majeure actuelle. Cette place vide se remplit
pendant la plus belle période de l'art grec, et la
lyre à huit cordes succéda à l'heptacorde de
Terpandre, dont Pindare s'était encore servi.

Dès ce moment l'espace musical d'une octave
fut rempli par la gamme dite *diatonique :* les
huit notes sont en ligne, mais il faut remarquer
tout de suite que de l'une à l'autre la distance
n'est jamais la même ; les intervalles sont tous
différents. Nommons pour plus de simplicité ces
huit intervalles différents : a, b, c, d, e, f, g, h;
leur série nous représente une gamme ou con-

stellation musicale. Mais si au lieu de mettre
l'intervalle *a* au commencement, je le mets à la
fin, je créerai une nouvelle constellation, figurée
par *b*, *c*, *d*, *e*, *f*, *g*, *h*, *a*; j'en puis faire une
troisième *c*, *d*, *e*, *f*, *g*, *h*, *a*, *b*, en faisant passer
l'intervalle *b* de tête en queue. En continuant
ainsi, on arrive à créer avec les mêmes notes
sept séries différentes d'intervalles : ce sont là
les sept gammes, *tropes* ou *modes* de la musique
grecque.

Mais pourquoi, dira-t-on, ne pas se contenter
de la série primitive? Le voici : chaque fois que
la mélodie adopte un trope nouveau, les distances des sept notes planétaires à la note solaire
ou tonique sont différentes ; le système prend
une nouvelle figure : l'espace musical se trouve
autrement divisé, et comme le plaisir de la mélodie consiste précisément dans l'appréciation des
intervalles musicaux successifs, chaque mode
a un caractère original et pour ainsi dire personnel. Pour peu qu'on goûte la musique, on
sent très-bien la différence entre les modes
majeur et mineur, les seuls malheureusement

que comporte notre musique moderne ; les
Grecs, il n'en faut point douter, sentaient vivement les nuances des modes lydien (notre majeur), ionique, phrygien, éolien (notre mineur),
dorien, myxolidien et syntonolidien. Le génie
hellène est le génie même de la forme, et la
gamme ou le mode musical n'est autre chose
que la forme musicale. Privé de l'élément
harmonique qui représente la couleur en musique, il prenait sa revanche dans le dessin mélodique ; il découpait de plusieurs façons l'espace
musical ; notre compas retombe toujours aux
mêmes points entre une tonique et son octave ;
le compas léger des Grecs se pliait et traçait sur
cette distance des intervalles plus variés. Ces
efforts incessants, tantôt guidés par les spéculations mathématiques, tantôt simplement par
les plaisirs de l'oreille, avaient donné à la sensibilité mélodique des Grecs une finesse qui
explique comment, en l'absence des puissants
moyens d'expression que donnent l'harmonie,
l'association des instruments et des sons, la
musique avait conquis un si puissant empire

sur leurs âmes. Le mouvement des notes était bien autrement capricieux, autrement libre dans la musique purement mélodique que dans la nôtre : habitués à entendre toujours plusieurs notes à la fois, nous percevons les dissonances et les consonnances par une sensation immédiate et directe ; dans le flux courant de la mélodie les impressions sont successives ; elles se débordent, il est vrai, légèrement dans l'appareil nerveux, mais la mémoire y joue un rôle aussi important que la sensation. La pensée court le long du dessin musical, et son plaisir a quelque chose de plus pur que celui qui résulte des ébranlements simultanés de l'harmonie. Comment les anciens définissaient-ils leurs modes divers, au point de vue expressif ? Platon n'admettait dans sa République que les modes dorien et phrygien, comme seuls propres à exprimer des sentiments mâles et nobles. Lucien met dans la bouche d'Harmonide, le joueur de flûte, les paroles suivantes adressées à Timothée son maître : « Tu m'as appris l'art de jouer juste, de me mettre d'accord avec le chœur,

7.

de conserver à chaque mode son mouvement
caractéristique, au phrygien l'enthousiasme, au
lydien la fureur bachique, au dorien la gravité
majestueuse et la grâce à l'ionien (1). » Ce sont
là des appréciations dont on sentira bien le
vague, si je rappelle que le lydien n'est autre
que notre mode majeur. On peut heureusement
définir les tropes d'une manière plus précise.

Leur caractère fondamental, c'est d'avoir
tous, sauf le mode lydien, une septième *diminuée*, c'est-à-dire plus éloignée de l'octave que
la septième ordinaire du ton majeur. L'octave
n'étant que l'écho de la tonique, on voit qu'il
n'y a point de note *sensible*, qui par son voisi-
nage extrême annonce, rappelle et courtise en
quelque sorte le son qui sert de centre et de
base à tout le mouvement musical. La *tonalité*,
c'est-à-dire la parenté visible des notes avec la
tonique, qui sert comme d'âme à la musique
moderne et qui ressort constamment des dissonances aussi bien que des consonnances, n'est

(1) *Harmonide*, œuvres de Lucien.

pas aussi nécessaire à la musique mélodique.
Ce n'est point l'octave, ce renforcement de la
tonique, qui soutenait l'édifice de la musique
antique; c'était. la quinte; la gamme antique
est issue d'une création successive de quintes,
et M. Tiron, qui a publié récemment un ouvrage
intéressant sur la musique grecque, a attribué
faussement ce rôle à l'intervalle de quarte (1).
Les morceaux se terminaient d'ordinaire non,
comme aujourd'hui, sur la tonique, mais sur sa
quinte. Les modes grecs avaient donc ce caractère commun de manquer de tonalité : c'est pour
cela qu'on en retrouve fréquemment des fragments, des cadences, des phrases d'un effet
mélodique parfois admirable dans les œuvres

---

(1) *Études sur la musique grecque, le plain-chant et la tonalité moderne*, par Alix Tiron. 1 vol. in-8, 1866. — Il est bien
regrettable que M. Tiron n'ait pas eu connaissance des travaux
de M. Helmholtz. Il se serait épargné ainsi beaucoup d'efforts,
et son érudition aurait trouvé un guide plus sûr. Son ouvrage
témoigne de bonnes études, et est semé d'aperçus fort ingénieux.
Mais à quoi peuvent servir, en présence de l'analyse scientifique
du son, telle qu'elle résulte des travaux de Helmholtz, ces analo-
gies entre les sons et les couleurs sur lesquelles M. Tiron a tenté
de fonder la théorie musicale?

de ceux qui ont été les créateurs de la musique moderne. Dans les ouvrages de Bach, et même de Haendel et de Mozart, le génie grec ressuscite çà et là et semble vouloir engager la lutte avec le génie de la musique harmonique.

Les tropes grecs peuvent tous être considérés comme des mariages capricieux de nos deux modes majeur et mineur; le phrygien flotte constamment entre les deux; le dorien est un mineur exagéré; il se prête encore mieux au mystère, aux émotions vagues, douloureuses et confuses. Certains modes s'adoptent mieux aux mélodies ascendantes, d'autres aux mélodies descendantes. Mais ces recherches délicates ne peuvent plus avoir grand profit, non plus que l'étude de ces tropes nombreux qui se glissèrent les uns après les autres parmi ceux qu'on pourrait nommer les grands tropes, les tropes légitimes (1).

(1) Pour l'étude des gammes grecques, il faut lire Aristoxène, Euclide, Nicomache, Alypius, Gaudentius, Bacchius le vieux, Aristide Quintilien, dans l'édition de Marcus Meibomius : *Antiquæ musicæ auctores septem*, 1652.

Je ne suivrai point la musique grecque dans toutes les transformations qu'elle a subies depuis l'âge de Périclès jusque après la conquête macédonienne. Je me contenterai d'en indiquer l'esprit, en signalant d'une part l'extension graduelle de ce que j'ai appelé l'espace musical, et en second lieu l'introduction de satellites qui vinrent s'intercaler entre les notes anciennes de la constellation musicale. Ces notes nouvelles adoptées par le chant, par les cithares et la flûte, donnèrent à la musique un caractère plus doux, plus onduleux; les intervalles musicaux arrivèrent enfin à se rétrécir jusqu'aux quarts de ton (1); la musique devint

Vincent, *Notice sur les divers manuscrits grecs relatifs à la musique*, 1847.

De la Salette, *Considérations sur les divers systèmes de la musique ancienne et moderne*, 1810.

Fétis, *Biographie universelle des musiciens*, 1837.

(1) Le *ton* est l'excès de la quinte sur la quarte. L'intervalle *minimum* qu'admet la musique moderne est le *demi-ton;* c'est l'intervalle de *mi* à *fa*, de *si* à *ut* sur le piano. Il n'y a rien d'absolu dans la détermination de ce minimum. Certains peuples asiatiques ont encore des quarts et des tiers de ton ; les Grecs ont essayé les quarts de ton. D'autre part, les anciens Celtes excluaient les demi-tons, et le ton entier était leur plus faible intervalle.

traînante, pleureuse et vague; elle s'effémina
et se corrompit en même temps que les mœurs.
« Dans la Lydie, écrivait Anaxilas, il se produit chaque année des *monstres* en musique. »
Par quoi il entendait les tropes où l'on mélan-
geait capricieusement plusieurs modes. Au lieu
des rudes lyres dont nous retrouvons le dessin
sur les vieilles médailles, on employa des cithares où les cordes se pressaient en plus grand
nombre. Dans les temps antiques, la flûte était
réservée aux esclaves. « Il serait honteux pour
un homme libre, dit Aristote, de jouer de la
flûte. » Mais bientôt on donne des prix aux
joueurs de flûte comme aux joueurs de cithare : on leur élève même des statues. De
tous les instruments, la flûte est celui qui per-
sonnifie le mieux, si l'on me permet le mot, la
musique mélodique. La cithare est trop riche
en harmoniques, et ses riches vibrations enfer-
ment en elles-mêmes des accords. La flûte a
des sons pauvres en harmoniques; ses notes
graves et douces se suivent à pas comptés, sans
être enveloppées d'un cortége qui en trouble

la cadence. Quel instrument pouvait mieux être
approprié à l'idéal grec, qui cherchait la beauté
dans l'ordre plutôt que dans la richesse, dans
le repos et l'attitude plutôt que dans le mouvement dramatique, dans la pureté plutôt que
dans le contraste (1). Beethoven, le plus grand
génie harmonique de notre temps, avait bien
compris la mystique puissance de la flûte : que
de fois il s'en sert pour conduire la mélodie
au milieu du déchaînement de l'orchestre, et
comme on est surpris, en écoutant ses sympho-
nies, d'entendre si distinctement cette voix modeste et voilée au milieu de tant de tonnerres,
de grondements et de cris.

(1) A côté des modes antiques, si propres à la mélodie, se
place une gamme excentrique, créée par Pythagore, et fondée sur
des considérations théoriques plutôt que sur les besoins de l'oreille.
Pythagore avait découvert le rapport numérique simple qui unit la
quinte à sa tonique ; il composa donc sa gamme à l'aide d'une
série de quintes : de cette façon il se trouva que, dans sa constellation musicale, il n'y a que deux espèces d'intervalles, et qu'elle
présente une bien plus grande régularité que les constellations
des modes grecs, où tous les intervalles sont inégaux. Dans la
gamme pythagoricienne, il y a cinq *tons* égaux, et de plus deux
petits intervalles (que les Grecs nommaient *limma*), un peu moin-
dres que le demi-ton de l'échelle musicale ordinaire. Dans cette

Je ne saurais abandonner l'étude de la musique monophone et mélodique, sans parler de

gamme singulière tout est sacrifié à la quinte, mais il en résulte des tierces et des sixtes légèrement impures. Pythagore et ses sectateurs regardaient son système comme représentant la *musique universelle*. Ils attachaient une vertu mystique au nombre 3, et le maître avait découvert que la quinte est la troisième harmonique. Ayant entendu, dit-on, divers sons naître d'une enclume sous le marteau, il avait eu l'idée de juger des rapports entre ces différents sons; il suspendit, dans ce but, des poids à des cordes, et varia les charges jusqu'à ce qu'elles fissent entendre les consonnances de quinte et d'octave. Comparant ces poids, il trouva que l'octave lui donnait le rapport de 1 à 2, la quinte celui de 1 à 3. Voulant fonder la gamme sur ces rapports, il vit qu'il n'y avait aucun parti à tirer du rapport de 1 à 2, qui ne fournit qu'une suite d'octaves; mais il réussit à tirer du rapport de quinte assez de notes pour composer sa gamme diatonique. Il est bien possible que Pythagore ait trouvé en Asie le secret du rapport de quinte. La musique chinoise est fondée depuis l'antiquité la plus reculée sur ce rapport, et il semble que partout l'oreille ait été primitivement plus sensible au rapport de quinte qu'à celui d'octave. L'octave n'est qu'une répétition de la tonique, et les besoins de la musique harmonique ont seuls déterminé la subdivision de l'échelle musicale en octaves; mais dans la quinte, l'oreille trouve, outre une consonnance parfaite, un élément nouveau qui la charme.

Si puissant est l'empire naturel de la quinte, que le système théorique de Pythagore, qui lui a tout sacrifié, a pu être adopté pendant un temps, bien que les rapports qu'il crée rendent faux les intervalles de tierce et de sixte. Il est assurément bien singulier qu'on retrouve aussi cette impureté dans l'ancienne gamme gaélique, qui n'avait que cinq notes accordées aussi d'après les intervalles de quinte.

la musique gaélique. Des modes grecs, nous ne possédons que quelques fragments, dont l'authenticité est équivoque, et dont le caractère véritable est obscurci. Mais le génie mélodique des Gaëls nous a laissé, dans les vieux airs écossais et irlandais, des monuments dont le temps n'a pu entièrement effacer le caractère primitif. Si vous voulez en goûter pleinement le charme sauvage et naïf, ne les étudiez point sur les transcriptions de musiciens ignorants qui s'efforcent de les faire entrer dans le lit de Procruste de la gamme moderne; gardez-vous surtout de les écouter quand on les accompagne, car cette musique primitive a horreur de l'accompagnement. Nos instruments modernes l'entourent d'une dissonance perpétuelle. Mais qu'une voix pure, ayant reçu de la tradition les vraies intonations de cette musique antique, se mette à suivre seule et librement les caprices de ces mélodies auxquelles ne doit répondre que l'écho, et vous sentirez se glisser en votre âme des émotions indéfinissables; vous ne reconnaîtrez point les formules et les

tours familiers auxquels vous êtes accoutumé,
mais l'étrange allure, le mouvement tantôt
franc et léger, tantôt mystique et indécis de la
mélodie vous procureront des plaisirs nouveaux.
L'absence de tonalité, de cette forte unité musicale à laquelle la musique harmonique nous
habitue, prête aux mélodies un air d'indépendance qui n'est pas sans charmes : cette musique
a l'air moins composée, pour ainsi dire, plus
spontanée, plus vraie.

Rien ne montre mieux que la vieille gamme
gaélique que l'échelle musicale, à côté d'éléments fixes, en a d'arbitraires. Entre la tonique
et l'octave de la gamme gaélique fondamentale
s'intercalent la seconde, la quarte et la quinte
ordinaires ; la tierce et la sixte font défaut ; entre
la quinte et l'octave se place une note qui
n'existe ni dans nos deux gammes actuelles, ni
dans les gammes grecques. En faisant pour la
gamme gaélique à cinq intervalles ce que j'ai
indiqué pour la gamme grecque à sept intervalles, c'est-à-dire en faisant passer successivement chaque intervalle de tête en queue, on

obtient cinq constellations musicales, cinq
modes auxquels s'accommodent tous les vieux
airs gaéliques connus. Ces cinq modes primor-
diaux se sont enrichis plus tard par l'introduction de notes nouvelles, notamment par celles
dont la liturgie chrétienne a composé sa gamme
sonore; mais ces sons intrus n'ont pas dépouillé
la musique gaélique de son caractère original,
elles ont seulement introduit quelques nuances
dans les vieilles mélodies, adouci les contrastes :
ainsi le ciseau se promène sur un marbre encore fruste et en arrondit quelques angles sans
l'altérer. Le génie gaélique a trouvé moyen de
corriger la pauvreté de sa gamme par la mul-
tiplicité des modes, par la souplesse des mouvements.

Partout, dans tous les temps, dans tous les
pays, chez toutes les races, la musique a com-
mencé par la mélodie. Résumons donc, pour
en finir, les caractères fondamentaux de la
musique homophone et mélodique. Elle compose les gammes en suivant les instincts même
de l'oreille, c'est-à-dire en choisissant tout

d'abord, pour établir ses intervalles, les meil-
leures consonnances, l'octave, la quinte, la
quarte, etc. Seulement, comme elle ne fait
entendre que des sons successifs, elle jouit
d'une liberté que ne possède point l'harmonie :
elle peut donc inventer des modes plus variés
et créer ainsi des styles plus nombreux. En
second lieu, elle n'a pas besoin, comme l'harmonie, de retenir constamment tous les sons
autour de ce centre, de ce soleil que nous nommons la tonique : si l'harmonie ne s'imposait
cette servitude, elle ne pourrait plus gouverner
l'orchestre. Mais la mélodie solitaire peut s'é-
garer plus loin, plus librement ; elle n'est pas
tenue de revenir aussi souvent à son point de
départ. Richesse des modes ou gammes, absence de tonalité, voilà donc les deux caractères essentiels de la musique purement mélodique. Il ne me reste plus qu'à exposer
l'histoire et les caractères de la musique harmonique et qu'à la suivre depuis ses humbles
origines jusqu'au point où nous la voyons ar-
rivée aujourd'hui. Si la sculpture a atteint son

apogée dans les temps anciens, la peinture pendant la Renaissance, la musique harmonique
appartient tout entière au monde moderne.
Quelques savants ont cru trouver chez les Grecs
l'origine de l'harmonie; mais leur harmonie
n'était point la nôtre : elle admettait la multi-
plicité des instruments, mais ne connaissait
d'autres intervalles que l'octave : dans la double
flûte, une branche donnait la réplique grave à
l'autre. La mélodie s'accompagnait aussi de
sourdines, de murmures monotones pareils à
celui des cornemuses; elle errait sur un fonds
sonore uniforme; mais ces naïfs accompagnements, que sous une forme ou une autre on
retrouve dans toutes les musiques primitives,
n'ont rien de commun avec l'harmonie véritable (1).

(1) Voyez sur ce point les savants ouvrages de Coussemaker;
voyez aussi *Les origines de l'harmonie*, par Gustave Bertrand.
(*Revue moderne*, septembre 1866.)

VIII

DE LA MUSIQUE HARMONIQUE

VIII

DE LA MUSIQUE HARMONIQUE

La mélodie n'envoie les sons à l'oreille que
les uns après les autres ; l'harmonie les fait entendre simultanément, en nombre presque illi-
mité. Dans le mouvement de la première, la
sensibilité musicale ne saisit que des intervalles
successifs ; elle demande à ces intervalles la plus
grande pureté possible, et de cette exigence sont
nées les gammes, fondées chez tous les peuples
sur les consonnances les plus parfaites. Bien
que la mélodie ne fasse entendre qu'une note à
la fois et tienne toutes les voix et tous les in-

struments à l'unisson, elle ne saurait se passer
du sens de la consonnance, car deux notes successives n'ébranlent pas l'appareil auditif d'une
façon tout à fait indépendante. Les deux impressions sont assez longtemps mêlées pour que
la mémoire achève la comparaison qui commence dans la sensibilité.Mais sitôt que de monophone la musique devient polyphone, l'oreille
est forcée à des comparaisons bien autrement
pressantes et complexes; et de même que la
musique mélodique a fait sortir, comme par un
lent travail organique, les gammes des consonnances, la musique polyphone a lentement
extrait les accords de la combinaison des sons.
Ainsi que les notes sont les couleurs de la
mélodie, les accords sont les éléments constitu-
tifs avec lesquels la musique moderne compose
ses ouvrages. Nous avons vu comment les cordes
sont venues successivement se placer sur la lyre
des Grecs, comment la constellation sonore de
la gamme est devenue de plus en plus bril-
lante par l'adjonction de satellites qui venaient
prendre leur place parmi les notes dont la con-

sonnance s'était révélée la première. On a montré que toutes les gammes primitives ont quelques éléments communs, mais que les intervalles
fondamentaux ont été remplis de façon diverse
suivant les temps, les races et souvent chez le
même peuple. L'histoire de la musique polyphone offre un spectacle parallèle : les faisceaux
harmoniques que nous nommons les accords
ne se sont pas révélés tous ensemble à l'oreille
humaine; ils sont venus les uns après les autres,
timidement et à de longs intervalles, prendre
leur place parmi les moyens d'expression de la
musique nouvelle. De même que la mélodie n'a-
vait admis d'abord que des notes consonnantes,
l'harmonie à sa naissance n'a connu que les
accords purs et a repoussé d'abord le contraste
des accords dissonants. A ses débuts on pourrait la comparer à la tragédie classique de Racine et de Corneille, toujours pure, noble et
solennelle; de notre temps, elle se compare
mieux au drame de Shakspeare, où la trivialité
fait saillir la grandeur, où le rire se mêle aux
larmes, où l'on sent une vie plus humaine, plus

trouble, des entrelacements de passions plus mobiles et plus serrés.

Le christianisme avait accepté le legs de la musique antique. Les premiers patriarches n'hésitèrent pas à donner asile, dans leurs églises, aux vieux nomes grecs; les Pères de l'Église ne voulurent point la priver de cette puissance mystique que la mélodie exerce sur les âmes. Arius composa des hymnes et des cantates, et l'on sait que ses chants liturgiques, qui malheureusement sont entièrement perdus, furent un de ses plus puissants moyens d'action sur les multitudes. Les délibérations des conciles se portèrent plus d'une fois sur la musique sacrée.

En se propageant de l'Orient à l'Occident avec la doctrine chrétienne, la musique se transforma par degrés en s'adaptant au génie de races nouvelles : elle dépouilla le caractère égoïste de la mélodie, et trouva dans l'harmonie une expression vivante de la solidarité que proclame la religion du Christ. Chez les Grecs, voix et instruments étaient toujours à l'unisson ou à l'octave ; l'harmonie proprement dite débuta par l'*organum* ou *diaphonie*, chant à deux parties, décrit pour la première fois par le moine flamand Hucbald, au commencement du xe siècle (1). La voix principale est accompagnée dans la diaphonie à des distances variées, à la quinte, à la quarte, à la douzième ; mais comme des domestiques qui se tiennent toujours à la même distance du maître, ces harmoniques suivent humblement le chant principal sans s'éloigner ni s'approcher. Les sixtes et les tierces ne figurent pas encore au nombre de ces notes d'accompagnement, étant réputées inharmoniques. Aujourd'hui, deux chants perpétuellement parallèles nous semblent quelque chose d'affreux : nous avons besoin d'une harmonie plus libre, plus vivante, d'intervalles variés, tantôt plus larges, tantôt plus étroits.

(1) On trouvera tous les détails relatifs à la musique du moyen âge dans l'*Histoire de l'harmonie au moyen âge*, par M. de Coussemaker. 1 vol. in-4. — *L'Art harmonique au XIIe et au XIIIe siècle*, par le même. 1 vol. in-4. — Voyez aussi les belles études de M. Vitet, dans le *Journal des savants*, sur l'histoire des anciennes notations et de l'harmonie au moyen âge.

Guy d'Arezzo, une grande autorité en matière musicale au xiᵉ siècle, se hasarde le premier, et timidement marie les intervalles de quarte, de quinte, d'octave. La France et la Flandre, à la fin du xiᵉ siècle, adoptent le *discantus;* c'est en quelque sorte le mariage de deux mélodies aussi différentes que possible l'une de l'autre, qui se côtoient, se suivent, s'appuient l'une sur l'autre sans se déranger. Le discantus est un tour de force; il ne renferme pas encore de véritable accompagnement, il y faut voir plutôt deux mélodies qui se tiennent tête sans offenser l'oreille.

A la suite de ces premiers essais, la musique devint plus mobile, elle chercha des mouvements plus variés; le sens du rhythme et le sens harmonique s'affinèrent. On se complut bientôt à entendre répéter la même phrase musicale à des hauteurs différentes, par des voix de femmes, d'hommes, d'enfants : on donne le nom de *canon* à cette forme qui admet deux, trois, quatre, et jusqu'à cinq parties, dont chacune peut continuer le même chant. Elle permet de composer des morceaux de longue étendue, et convient particulièrement à la musique sacrée, le chœur devant exprimer les sentiments d'une nombreuse congrégation, où sont représentés tous les âges. Le style nouveau sortit pourtant de l'Église, et, se mêlant au monde, laissa sa trace dans les madrigaux, les motets, les morceaux de danse du xvi° siècle. On peut considérer le style fugué comme un progrès sur le précédent; la phrase de la fugue se répète à des hauteurs diverses, mais les voix ne s'y succèdent pas simplement, elles se débordent, se mêlent, et le plaisir consiste à les suivre et à les distinguer. La courte mélodie qui sert de thème principal n'est d'ailleurs pas servilement répétée, les principaux traits qui peuvent la rappeler suffisent; bien que la fugue ne soit pas encore le représentant de la véritable musique harmonique, puisque la mélodie y reste l'unique moyen d'expression, il est impossible de l'apprécier sans avoir une sensibilité musicale des plus fines; la fugue ne flatte complétement ni le sens mélodique, puisqu'elle mélange les

mélodies dans un apparent désordre, ni le sens
harmonique, puisque l'accompagnement ne
joue qu'un rôle subordonné, et pourtant elle a
un charme particulier qui n'est pas tout à fait
intellectuel et qui ne tient pas uniquement au
sentiment de la difficulté vaincue ; il y a je ne
sais quoi d'original et de plaisant dans son
mouvement. Ces phrases qui se précipitent au-
devant les unes des autres, qui avancent et se
retirent en ordre ; ce début naïf, ces enchevê-
trements graduels ; ce bruit qui grandit sans
cesse et où l'on retrouve pourtant le thème
familier, tiennent l'attention et l'oreille en
continuel suspens. Mais la théorie de l'accompagnement proprement dit n'est pas encore
contenue dans le jeu lié de la fugue ; nous
sommes si habitués à entendre aujourd'hui
toute mélodie soutenue et renforcée par des
chaînes d'accords successifs, que nous avons
peine à comprendre un style où toutes les parties ont égale valeur, et où manque toute hiérarchie.

Le système de tonalité correspond toujours à

l'état de la musique. Quelles sont donc les gammes qui ont été admises jusqu'au xvi⁰ siècle et qui ont formé les cadres où la musique s'est, par de lents efforts, préparé à de si grandes transformations ? La liberté mélodique des anciens était devenue la licence dans les premiers temps du christianisme et à la faveur de la confusion des races et des peuples. Chaque église avait fini par célébrer ses offices avec des chants différents. Effrayé de cette confusion qui pouvait devenir le germe de nombreuses hérésies, saint Ambroise, archevêque de Milan, fit un recueil des cantiques et des hymnes que l'Église d'Orient avait empruntés au paganisme et y en ajouta de nouveaux. Il s'attacha aussi à fixer définitivement les gammes, et revenant aux anciens modes de la Grèce, il en choisit quatre à l'exclusion de tous les autres. Le célèbre prélat compléta sa réforme en donnant une règle d'après laquelle le chant devait se terminer par la tonique de la gamme dans laquelle le morceau était écrit : il paraît ainsi avoir eu un sentiment plus vif de la tonalité que ne l'avaient eu les

anciens, qui n'hésitaient pas à abandonner la
mélodie sur une consonnance quelconque de la
tonique, la laissant pour ainsi dire en l'air sans
la ramener à son point de départ. Saint Ambroise, musicien de beaucoup de goût, n'avait
pas interdit le rhythme et la mesure dans le
chant d'église, il permettait même l'emploi de
certains ornements. Ses tons ne suffirent pourtant pas longtemps au goût populaire. Aux
quatre gammes ambroisiennes, on en accola dix
autres, et saint Grégoire, effrayé de ce débor-
dement mélodique, se crut obligé d'intervenir.
Il enferma définitivement la musique religieuse
dans les quatre gammes ambroisiennes dites
authentes, et y ajouta seulement quatre autres
gammes dites *plagales*, qui reproduisent les
mêmes intervalles que les précédentes, seulement dans un ordre différent : chaque gamme
plagale commence sur la quinte de l'authente
correspondante. Cette concession eut d'heureux
résultats; car, parmi les gammes plagales, se
trouve précisément notre gamme majeure, sans
laquelle la musique harmonique est impossible,

Saint Grégoire condamna tous les agréments, les fioritures, et alla jusqu'à proscrire le rhythme et la mesure, comme trop mondains et trop contraires à l'émotion religieuse qui doit en quelque sorte ignorer le temps. Ainsi fut créé le *planus cantus*, chant uni qui dut racheter sa monotonie par la pureté de ses accords et par le vague solennel de ses phrases qui, dépourvues de lien tonique, semblent toujours près de se perdre, et revêtent ainsi je ne sais quel caractère extatique et surhumain. La musique sacrée poussa pourtant très-loin la science des accords; guidée par la pratique des consonnances pures, elle choisit de préférence celles qui les contiennent et qui ont les parentés harmoniques les plus profondes avec la tonique. On apprit à terminer les morceaux par l'accord dit parfait qui renferme les trois premières harmoniques, l'octave, la quinte et la tierce. Longtemps la tierce dite *mineure*, qui n'est point une harmonique du son fondamental, la quarte et la sixte, furent repoussées. Les accompagnements des chorals majeurs du xxviᵉ siècle son d'ordinaire excellents et témoignent d'une rare délicatesse musicale ; dans les autres modes, ils sont naturellement beaucoup plus arbitraires, produisent une impression singulière, qui s'explique par les faibles affinités harmoniques de ces styles abandonnés.

La réforme contribuait puissamment aux progrès de la musique harmonique. Le nouveau culte chercha naturellement à se soustraire à la tyrannie des vieilles cadences consacrées ; le prêtre n'entonna plus les chants ou seul, ou suivi de l'unisson obéissant de la foule ; mais comme pour témoigner de l'égalité et de la solidarité des membres de la congrégation, les voix se partagèrent les rôles dans le temple. Luther ne voulut point que le chant religieux demeurât une mélodie sans échos et sans expres-sion : il écrivit lui-même des chorals à plusieurs voix qui ont été conservés. On ne rechercha plus l'unité dans la répétition canonique, mais dans l'association harmonique des voix. Il fallut désormais un nouveau principe d'union, ce fut la tonique ; et la gamme qui prévalut fut

celle qui contient les premières harmoniques
de cette tonique et qui n'est que le développement spontané du son fondamental.

L'Église catholique sentit bientôt à son tour
le besoin de renouveler l'expression dans ses
chants. Palestrina opéra cette réforme ; il était
élève de Claude Goudimel, un huguenot qui fut
tué à Lyon dans la nuit néfaste de la Saint-
Barthélemy ; Palestrina ne put entièrement
briser avec la tradition ; il était forcé de conserver les thèmes du chant grégorien, écrits
dans tous les modes cléricaux ; aussi voulant
embellir ces vieilles mélodies par des accompagnements harmoniques, il eut souvent à
exécuter de véritables tours de force. La tonalité (qui ne peut être pleine que dans nos modes
modernes) manque encore à la plupart de ses
ouvrages. On y trouve des séries ou chaînes
d'accords qui ne sont liées par aucune des règles
ordinaires de la modulation. Mais ce musicien
habile glissait pour ainsi dire autour des difficultés : je ne sais rien de plus beau que certaines
de ses œuvres où la tonalité est obscure sinon

absente, mais où ce défaut est racheté par des
atermoiements habiles entre les modes majeur
et mineur, que rendaient plus facile la multi-
plicité des modes cléricaux.

L'accord parfait majeur, le plus tonique de
tous, établit pourtant si bien sa prééminence
que jusqu'à une époque assez rapprochée de
nous, il fut de règle de terminer sur cet accord
un morceau même écrit en mineur. L'accord
parfait mineur ne sembla pas assez pur pour
l'impression finale et suprême, parce qu'il renferme une tierce qui n'est point au nombre des
harmoniques naturelles de la tonique (1). Aussi

---

(1) Le genre ou mode majeur a des propriétés harmoniques
exceptionnelles ; tous les accords qu'on compose en y faisant entrer
les unes après les autres les notes qui ont des parentés de consonnance avec la tonique se trouvent être des accords parfaits, soit
de la tonique, soit de la quinte ou dominante, soit de la quarte
ou sous-dominante. Le mode mineur n'a qu'un accord parfait, qui
se pose sur la quinte et qui rappelle alors le mode majeur. Sur
cent airs populaires, il y en a quatre-vingt-dix-neuf en majeur :
car l'oreille peu exercée a besoin des accords les plus francs, les
plus toniques. Le mineur, à cause du mélange d'accords parfaits
et d'accords imparfaits, a un air de mystère. La tonalité particulière du majeur tient encore à ce qu'il possède dans sa septieme,
dite augmentée, une *sensible*, c'est-à-dire une note plus voisine de

Haendel supprime-t-il souvent cette tierce dans l'accord final. Sébastien Bach ne termine par l'accord mineur que des morceaux légers, des préludes; ses morceaux importants, fugues et chorals, reposent tous, même s'ils sont en mineur, sur la base tranquille de l'accord majeur. Mozart traite avec le même respect ses compositions religieuses; après avoir troublé l'âme par une harmonie mineure, il la rassérène par une terminaison majeure; à moins, comme dans le *Dies iræ*, qu'il ne veuille pousser jusqu'au bout l'expression de la douleur et de l'angoisse.

Ce ne sont point là de prétentieuses subtilités : quiconque ne sent pas ces nuances délicates doit renoncer à s'occuper de musique ou se contenter des grossiers plaisirs du rhythme et des plus vulgaires mélodies. Les grands chanteurs italiens poussèrent très-loin la science des accords : la voix était beaucoup plus propre qu'aucun instrument à développer le sens harmonique, car, nous l'avons dit, il n'y

la tonique que ne l'ont les autres modes; cette sensible prépare constamment l'oreille au retour de la tonique.

a pas de sons qui soient plus riches et plus
remplis de notes harmoniques que ceux qui
sortent du gosier humain. Dans les chœurs de
Palestrina et de ses contemporains, on ne
trouve qu'une série presque non interrompue
d'accords consonnants; les accords parfaits sont
toujours posés de façon à produire le maximum
d'effet harmonique (1). Les accords dissonants
étaient semés avec grande parcimonie. Il en
résulte une douceur idéale, une pureté tout
angélique. Mais une sensibilité vulgaire a peine
à les goûter, car on n'y trouve point les rudes
et perpétuels contrastes de la musique moderne
qui fait saillir la consonnance par la dissonance, comme un dessinateur produit des effets
de lumière avec des ombres.

Du xvie siècle au xviiie siècle, le sentiment
de la parenté des accords ou de leur relation

(1) L'ordre des trois modes qui composent un accord n'est
point chose indifférente : les musiciens italiens l'avaient découvert
avant que Rameau en donnât la raison. L'accord *ut, mi, sol* ne
produit pas exactement sur l'oreille le même effet que *mi, sol, ut,*
ou *sol, ut, mi.* Cela se comprend si l'on se rappelle que chaque
note est véritablement un concert d'harmoniques.

avec la tonique se développe graduellement.
Les faisceaux ou groupes harmoniques se mul-
tiplièrent comme autrefois les notes qui sont
les éléments simples de la mélodie. On apprit
à soutenir une mélodie par l'accompagnement
des accords : le récitatif fut la première expression réelle de la musique harmonique. Ce
ne fut d'abord qu'une imitation de l'antique
déclamation. Cette forme musicale nouvelle fut
inventée vers 1600 par Jacob Peri : l'opéra
naît au XVIIe siècle sous l'influence de l'admi-
ration des anciens; on y mêle les chœurs et les
chants *solo*, soutenus par l'accompagnement.
Cette dernière innovation est due à Claudio
Monteverde et à Viadana. Aves ces compositeurs apparaissent, pour la première fois, sur les
partitions, les basses dites chiffrées (1) : l'idée
de l'accompagnement harmonique subordonné
au mouvement de la mélodie devient de plus
en plus familière.

---

(1) Chaque accord est représenté par un chiffre ou une combinaison de chiffres et de signes. Il y a ainsi une sorte d'alphabet
harmonique qui abrége la besogne du compositeur.

Mais Rameau, on peut le dire, est le véritable créateur de la grande musique : il fonda
toute la théorie de l'accompagnement et des
accords sur la résonnance multiple et harmonique ; assignant à toutes les notes qui suivent
la mélodie le devoir de reproduire, autant que
possible, ou la sensation ou le souvenir des
harmoniques de la tonique. Il comprit que tout
le mouvement sonore doit s'opérer autour de
cette dernière, et que les chœurs, les instruments, les voix, doivent la conserver comme
centre, comme pôle. De cette façon, non-seulement les notes, mais les faisceaux harmoniques forment comme autant de planètes qui
sont soutenues par l'attraction continuelle du
soleil central, les dissonances sont analogues
aux perturbations qui détournent des planètes
de leur route, sans cependant modifier la direction générale de leurs orbites.

Il m'est impossible de suivre Rameau dans le
détail des lois qu'il a posées dans ses ouvrages,
auquel son temps, faute de les bien comprendre, n'a pas rendu ample justice. Je dirai

seulement que l'analyse de M. Helmholtz, facilitée par la connaissance aujourd'hui précise
et achevée des harmoniques, les a toutes justi-
fiées. Il a trouvé des raisons physiques à l'appui
des règles qui gouvernent le mouvement des
basses fondamentales, la préparation et la réso-
lution des dissonances, les cadences, l'entre-
lacement des tons, les modulations. Il me
suffira d'indiquer quels sont devenus, sous
l'empire des lois de l'harmonie, les caractères
principaux de la musique. On peut les résumer
ainsi : 1° exclusion de tout autre mode que les
modes majeur et mineur; 2° prédominance de
la tonalité; 3° multiplication des dissonances.

L'harmonie a dû forcément choisir le mode
majeur pour sa gamme favorite : c'est celle,
en effet, où les harmoniques naturelles composent les accords et où, par conséquent, les
parentés des notes auxiliaires avec la tonique
sont le plus visibles. Le ton mineur a été con-
servé parce qu'il réveille constamment et spontanément des consonnances majeures : tous les
autres modes ont été sacrifiés, parce que leurs

relations toniques sont trop obscures et trop
indécises. Le sens de la tonalité a été fortement
affiné par l'emploi constant de la *sensible*, qui,
depuis Rameau, a joué un rôle de plus en plus
important. Cette note, jadis dédaignée comme
la moins intimement alliée au son fondamental,
en est devenue, en quelque sorte, le complément nécessaire; elle l'annonce par sa dissonance même; elle fait tache et ombre à côté
de la tonique, mais la met ainsi mieux en re-
lief. C'est que notre esthétique musicale a pris
goût aux contrastes, aux oppositions et y
cherche ses plus puissants moyens d'expression.

   L'harmonie s'est laissée de plus en plus en-
vahir par les dissonances : les accords consonnants, qui jadis formaient la majorité, sont
aujourd'hui en minorité. Ce phénomène ne
tient pas seulement à une sorte de romantisme
musical, il a une cause profonde dans ce que
l'on nomme le *tempérament*. Il faut expliquer
cette expression : dans la gamme majeure pure,
il n'y a pas deux intervalles rigoureusement
égaux. Si, dans une série d'octaves, on voulait

conserver *pures*, c'est-à-dire fidèles aux vrais
intervalles harmoniques, toutes les octaves,
toutes les quintes, toutes les quartes et les
tierces, on se heurterait à des difficultés presque
inextricables : on a jugé plus commode de
résoudre brutalement le problème en conser-
vant purs les intervalles d'octave pour satis-
faire au principe de la tonalité, et en subdivi-
sant l'espace de chaque octave en parties égales.
C'est comme si une main toute-puissante pouvait, dans le système solaire, ranger toutes les
planètes en file régulière et à des distances
égales. L'octave du piano se trouve aujourd'hui
divisée en douze intervalles égaux. On comprend que dans leur déplacement les notes
s'altèrent; il y a une fraction minime entre les
rapports vibratoires des notes tempérées et
ceux des notes vraies, des notes harmoniques.
Les quintes sont sacrifiées aux octaves; elles
deviennent impures, de même que les quartes;
le même inconvénient se produit pour les sixtes
et les tierces, moins toutefois que dans la
gamme pythagoricienne. M. Helmholtz calcule

que la quinte faussé du piano produit avec la
quinte vraie, comprise harmoniquement dans
la tonique, un battement par seconde ; les
quartes ne produisent de même qu'un battement par seconde ; on comprend que cela ne
suffise point pour altérer l'harmonie, pour peu
que le mouvement des notes soit un peu rapide.
Les tierces et les sixtes fausses engendrent des
notes basses de combinaison qui s'entendent
surtout sur l'harmonium et le violon et qui
blessent des nerfs très-délicats.

L'oreille ne s'est habituée aux perpétuels à
peu près du tempérament qu'au prix d'une
partie de sa sensibilité naturelle. Par son extrême simplicité, le système a rendu d'immenses
services : il a facilité le travail et de la composition et de l'instrumentation. Il a permis de
moduler, c'est-à-dire de passer d'un ton à un
autre avec une flexibilité et une aisance parfaites. Mais on comprend bien qu'il ait fallu
racheter par quelque côté ce que l'on perdait en
pureté harmonique : on a dû chercher un sti-
mulant pour la sensibilité blessée, on l'a trouvé

dans les dissonances, et voilà pourquoi leur influence est devenue prépondérante et presque
tyrannique.

Le tempérament a d'abord été appliqué au
piano et, faut-il s'en féliciter ou en gémir, il a
établi son empire avec d'autant plus de facilité
que ses inconvénients sont, sur cet instrument,
réduits au minimum. Les mauvais tons de
combinaison qu'engendrent les tierces dans
les octaves supérieures peuvent être très-affai-
blis, quand on amollit les touches du haut de
l'instrument. Toutes les dissonances y sont
moins sensibles parce que le son, une fois la
corde frappée, va en mourant. Beethoven a pu
employer dans ses sonates des dissonances qui,
sur tout autre instrument, mettraient l'oreille à
la torture. La fausseté du piano qui ne peut se
sentir dans les mélodies, dans les accords en
arpége, dans le rhythme prompt, devient néan-
moins assez sensible dans les chaînes d'accords
très-lents. Sur l'orgue, le tempérament est dé-
testable dans les registres aigus; il en est de
même sur l'harmonium. Les instruments d'or-

chestre peuvent un peu modifier leur hauteur :
les violons sont les instruments libres par excellence, et il est encore de tradition de les accorder
sur la consonnance de quinte : les grands artistes ne cherchent point à asservir leur jeu aux
mauvaises consonnances tempérées, et comme
d'instinct, leurs doigts trouvent toujours les intervalles les plus purs (1). On peut en dire autant
des grands chanteurs, mais malheureusement
les grands chanteurs deviennent rares, et l'on
peut attribuer, en partie, ce résultat à l'importance ridicule et malheureuse que le piano a
pris dans l'étude du chant. La voix humaine,
le plus bel instrument qu'il y ait au monde et
le plus riche en harmoniques, est devenue l'es-
clave d'un instrument dont toutes les consonnances sont faussées.

Dans les écoles italiennes, dans les églises
du xvıᵉ siècle, la science de l'harmonie sortit du

(1) On ne saurait assez réprouver le jeu *tremblé* de la plupart
des violonistes ; mais cette habitude vient sans doute de ce que
l'artiste oscille sans cesse entre les notes tempérées et les consonnances pures.

chant lui-même; rien ne nous rend plus aujourd'hui l'exquise fraîcheur, la pureté angélique des intonations spontanées de la voix
humaine. L'harmonie s'est asservie à un instrument banal : la pureté naturelle de la voix
humaine est laborieusement et systématiquement flétrie. Où nos chanteurs modernes pour-
raient-ils apprendre leur art? il n'y a que la
voix qui puisse bien guider la voix : on la mène
au contraire avec des instruments qui troublent
perpétuellement le chanteur. On le soutient
à l'aide d'accords où tous les éléments sont légèrement inharmoniques; de sorte qu'il ignore
avec quelle note il doit se mettre en consonnance. Il résulte de ce trouble perpétuel de l'instinct, que la voix ne sait plus où se poser : elle
a de plus en plus besoin de l'accompagnement
et l'accompagnement altère de plus en plus son
assurance et sa pureté natives. Sur les plus
grands théâtres de musique, on ne trouve plus
de chanteurs qui sachent s'appuyer réciproquement sans le secours des instruments; ce morceau admirable de *Don Juan*, le *Trio des mus-*

ques, ne passe pour si difficile que parce que
les voix y sont livrées à elles-mêmes : il n'eût,
sans doute, offert aucune difficulté aux anciens,
chanteurs italiens. C'est parce que Mozart avait
encore eu l'occasion de faire des études com-
plètes sur la composition vocale, que son harmonie a un caractère si adorable et des séduc-
tions si irrésistibles.

Cet avantage a manqué à Beethoven; il a
moins pensé à l'instrument sonore humain
qu'à l'instrument artificiel de l'orchestre : son
génie, qui d'abord s'était inspiré de la musique
de Mozart, a cherché des routes nouvelles à
mesure que la surdité l'a privé davantage du
plaisir d'entendre la voix humaine; il a jeté
dans l'orchestre un mouvement nouveau,
cherché des moyens d'expression dans le trouble
même, dans l'agitation, dans la confusion,
dans l'acuité des dissonances; le vague majes-
tueux, la terreur, l'inattendu, la majesté, la
tendresse blessée, la désespérante mélancolie
de ses œuvres les portent à des hauteurs où la
critique ne peut atteindre et qu'elle doit respec-

tueusement contempler. Il y a un sublime en
musique comme dans les autres arts.

On entend parler quelquefois d'une musique
de l'avenir. S'il y a un sens dans ce mot pré-
tentieux, quel peut-il être? La musique moderne étant une musique harmonique, doit-il
être question de sacrifier la mélodie? Il ne
faudrait point jouer sur le mot d'harmonie :
toute musique est harmonique quand elle cesse
de se contenter d'une succession de sons soli-
taires. Mais l'harmonie elle-même n'a d'autre
objet que d'accompagner, de soutenir une
phrase musicale, une mélodie.

Le sens mélodique est si naturel à l'homme
qu'il ne peut avoir souvenir d'un morceau musical, si complexe qu'il soit, que sous forme
mélodique. Il est bien vrai que les grands harmonistes obtiennent quelquefois des effets sur-
prenants avec la phrase la plus simple, répétée
à différentes hauteurs et enveloppée de riches
accompagnements; mais le fil d'or de la mélodie
reparaît toujours, si frêle qu'il soit d'ailleurs,
au milieu des moires flottantes, des plis,

des broderies mouvantes de l'harmonie. Quelle
douceur de distinguer dans le tumulte de l'orchestre, parmi les battements d'aile des arpéges,
les grondements des basses, les frémissements
passionnés des violons, la voix tendre et timide
du hautbois, ou de la flûte. Jamais Beethoven,
qu'on peut appeler le premier des harmonistes,
n'a étouffé la mélodie sous le cri brutal de l'accompagnement ; en même temps qu'elle ébranle
les sens, sa musique parle toujours à la pensée.

Si la musique rêve un avenir nouveau, elle
ne doit, ce semble, le chercher que dans le
retour aux consonnances pures et dans le sacri-
fice du tempérament. C'est dans cette voie que
M. Helmholtz cherche à la pousser. Rien ne
serait plus facile que de ramener les instruments
à cordes à l'emploi des consonnances pures ;
les cors et les trompettes dont les notes sont
déterminées par la division spontanée d'une
colonne d'air sont forcément voués aux bonnes
consonnances ; restent les instruments à anche,
les instruments à vent et les instruments de
cuivre où la colonne d'air vibrante est artifi-

ciellement délimitée, l'orgue, l'harmonium et
enfin le piano. Mais comment réformer le piano
qui a fait tout le mal? Quel musicien osera
déclarer la guerre à cet instrument démocra-
tique, qui a introduit partout le goût de la musique, qui n'étant ni trop mélodique, ni trop
harmonique, se prête à une sorte d'interpréta-
tion banale, et pour ainsi dire moyenne de
toutes les œuvres musicales? M. Helmholtz a
pris la peine de construire un orgue-harmonium
qui n'est point asservi au tempérament : s'atta-
chant à conserver autant que possible les intervalles purs de tierce, il a réussi à obtenir sur
son instrument quinze accords parfaits majeurs
et mineurs où les grandes tierces sont pures;
les quintes demeurent un peu trop hautes, mais
elles sont plus près de la quinte pure que sur
les instruments tempérés. Je regrette de n'avoir
point entendu M. Helmholtz jouer de son harmonium; mais je ne doute point que les modulations n'y deviennent plus expressives, que
l'oreille n'y goûte mieux le passage des dissonances aux accords consonnants. Malheureu-

sement on ne peut obtenir les consonnances
pures qu'au prix d'une plus grande complication
matérielle de l'instrument. Le piano séduit surtout par la simplicité de son clavier : mais s'il
est difficile d'espérer que le public y accepte des
complications nouvelles, on obtiendra peut-
être que les constructeurs d'orgue renoncent au
tempérament qui déshonore le jeu de ce noble
instrument sans le rendre facile : on peut se
flatter que quelque jour l'orchestre retrouvera
aussi des consonnances pures, quand les instruments à corde y reprendront la primauté que
leur disputent aujourd'hui bruyamment les cuivres. Mais le goût musical ne se réformera véritablement que lorsque les écoles de chant
banniront tous les instruments tempérés et raf-
fermiront la voix humaine en l'obligeant à
chercher un guide dans ses propres harmoniques. Les sociétés chorales peuvent rendre à ce
point de vue des services éminents à la condition
qu'elles soient dirigées par des hommes de goût,
et qu'on les habitue à jouir des belles consonnances plutôt que des oppositions puériles entre

le *forte* et le *piano ;* le clair-obscur n'est pas tout l'art, pas plus en musique qu'en peinture.

Nos chœurs modernes croient avoir atteint le suprême de la perfection quand ils font succéder des chuchotements à des éclats de voix formidables ; chanter juste n'est trop souvent que leur préoccupation secondaire. Comme le romantisme littéraire, le romantisme musical s'est trop enivré de lui-même ; il est temps qu'il retourne aux sources pures d'où doit découler toute harmonie, comme toute mélodie. La musique exige des études aussi sévères, aussi sérieuses que la peinture ou la sculpture : elle ne peut point se passer d'un idéal ; elle doit choisir des éléments dans les consonnances les plus parfaites, comme le sculpteur choisit un marbre de Carrare sans veines et sans taches ; elle doit composer sa gamme d'accords harmoniques, avec autant de soin que le peintre compose sa gamme de couleurs. Le reste est, pour elle comme pour les autres arts, l'affaire du génie.

FIN.

TABLE DES MATIÈRES

Paris. — Imprimerie de E. Martinet, rue Mignon, 2.

BIBLIOTHÈQUE DE PHILOSOPHIE CONTEMPORAINE

H. TAINE. Le Positivisme anglais, étude sur Stuart Mill.
— L'Idéalisme anglais, étude sur Carlyle.
— Philosophie de l'art.
— Philosophie de l'art en Italie.
— De l'Idéal dans l'art.
PAUL JANET. Le Matérialisme contemporain. Examen du système d
docteur Büchner.
— La Crise philosophique : MM. Taine, Renan, Vacherot, Littré.
— Le Cerveau et la Pensée.
ODYSSE BAROT. Lettres sur la philosophie de l'histoire.
ALAUX. La Philosophie de M. Cousin.
AD. FRANCK. Philosophie du droit pénal.
— Philosophie du droit ecclésiastique.
— Philosophie mystique au XVIIIᵉ siècle : Saint-Martin et don Pasqualis
E. SAISSET. L'Ame et la vie, suivi d'une Étude sur l'esthétique française
— Critique et histoire de la philosophie (fragments et discours).
CHARLES LÉVÊQUE. Le Spiritualisme dans l'art.
— La Science de l'invisible, études de psychologie et de théodicée.
AUGUSTE LAUGEL. Les Problèmes de la nature.
— Les Problèmes de la vie.
— La Voix, l'Oreille et la Musique.
CHALLEMEL-LACOUR. La Philosophie individualiste, étude sur Guil-
laume de Humboldt.
CHARLES DE RÉMUSAT. Philosophie religieuse.
ALBERT LEMOINE. Le Vitalisme et l'Animisme de Stahl.
— De la physionomie et de la parole.
MILSAND. L'Esthétique anglaise, étude sur John Ruskin.
A. VÉRA. Essai de philosophie hégélienne.
BEAUSSIRE. Antécédents de l'hégélianisme dans la philos. française.
BOST. Le Protestantisme libéral.
FRANCISQUE BOUILLIER. Du plaisir et de la douleur.
ED. AUBER. Philosophie de la médecine.
LEBLAIS. Matérialisme et spiritualisme, précédé d'une Préface par
M. E. LITTRÉ (de l'Institut).
AD. GARNIER. De la morale dans l'antiquité, précédé d'une intro-
duction par M. PRÉVOST-PARADOL (de l'Académie française).
SCHŒBEL. Philosophie de la raison pure.
BEAUQUIER. Philosophie de la musique.
TISSANDIER. Des sciences occultes et du spiritisme.
J. MOLESCHOTT. La Circulation de la vie. Lettres sur la physiologie
en réponse aux Lettres sur la chimie de Liebig. Traduction par M. le
docteur Cazelles. 2 vol.
L. BUCHNER. Science et Nature. Essais de philosophie et de science
naturelle ; traduit par M. A. Delondre. 2 vol.
ATH. COQUEREL FILS. Des premières transformations du christianisr
— La Conscience et la Foi.
JULES LEVALLOIS. Déisme et Christianisme.
CAMILLE SELDEN. La Musique en Allemagne, étude sur Mendelssohn.
FONTANÈS. Le Christianisme moderne, étude sur Lessing.
SAIGEY. La Physique moderne.

Paris.—Imprimerie de E. MARTINET, rue Mignon, 2.

www.ingramcontent.com/pod-product-compliance
Lightning Source LLC
Chambersburg PA
CBHW071538220526
45469CB00003B/839